Arena-Taschenbuch
Band 2262

Iris Schürmann-Mock,
geboren 1947 in Duisburg, studierte Germanistik,
Publizistik und Soziologie in Mainz. Sie arbeitet
als freie Journalistin, war Mitbegründerin
der Zeitschrift »Eselsohr« und hat bereits mehrere
Veröffentlichungen zum Thema Kinderernährung
herausgebracht.

Silke Tessmer
wurde 1969 in Bramsche geboren. Sie studierte
an der Hochschule für Künste in Bremen Grafik-Design
mit Schwerpunkt Illustration. Seit 1997 lebt und arbeitet sie
als freie Illustratorin in Hamburg.

In neuer Rechtschreibung

1. Auflage als Arena-Taschenbuch 2003
Lizenzausgabe des Verlag Heinrich Ellermann, Hamburg
© Verlag Heinrich Ellermann, Hamburg 2001
Gestaltungskonzept und Illustrationen von Silke Tessmer
Gesamtherstellung: Westermann Druck Zwickau GmbH
ISSN 0518-4002
ISBN 3-401-02262-8

KINDERKÜCHE SPITZENMÄSSIG

Herausgegeben von Iris Schürmann-Mock

Illustrationen von Silke Tessmer

24 SPITZENKÖCHE KOCHEN FÜR KINDER

Arena

INHALT

VORWORT

Wenn du dieses Buch liest, dann kochst du sicher gerne. Gratuliere! Du hast eins der schönsten Hobbys, die es gibt. Ein Hobby für Augen, Hände, Nase, Mund und Ohren. Du kochst nicht mit den Ohren, meinst du? Aber ja doch! Wenn die Zwiebeln in der Pfanne rascheln oder der Braten im Backofen brutzelt, dann kannst du richtig hören, wie gut das schmecken wird.

Wir bedanken uns bei der Köchin und den Köchen für die Mitarbeit und die Zurverfügungstellung ihrer Rezepte. Alle erklärten sich bereit ihr Honorar zu Gunsten der UNICEF zu spenden. Herzlichen Dank!

Manche Leute haben dieses Hobby zu ihrem Beruf gemacht. Und einige von diesen Köchinnen und Köchen sind damit berühmt geworden. Sie erfinden immer neue Gerichte, die nicht nur toll schmecken. Sie sehen auch besonders schön aus und haben phantasievolle Namen. Zum Beispiel »Artischockencarpaccio mit gehobeltem Parmesan und gerösteten Pinienkernen an Olivenvinaigrette«.

»Das kann ich nie«, sagst du jetzt vielleicht. Keine Bange. Große Köche haben auch mal klein angefangen. Wie man das macht, erfährst du in diesem Buch. Du findest darin Rezepte, die die berühmtesten Köche Deutschlands sich extra für Kinder ausgedacht haben. Manche sind ganz einfach, manche auch etwas schwieriger. Wenn du etwas noch nicht kannst, helfen dir vielleicht deine Eltern. Außerdem stehen in dem Buch viele Tricks, mit denen das Kochen besser klappt. Und noch mehr, was du wissen musst, um ein wirklich tolles Essen zuzubereiten. Auf der nächsten Seite geht es los!

Viel Spaß und guten Appetit wünscht dir
Iris Schürmann-Mock

WAS BEDEUTEN DIE SYMBOLE?

Du wirst in diesem Buch verschiedene Zeichen entdecken. Sie weisen dich immer auf einen Extratipp hin. Manchmal steht ein Zeichen mitten im Rezept. Dann findest du die Erklärung direkt im Anschluss an das Rezept. Manchmal steht eine Seitenzahl bei einem Zeichen. Dann findest du die Erklärung auf der entsprechenden Seite. Und das bedeuten die Zeichen:

SCHWIERIGKEIT:

Manche Gerichte kannst du ganz leicht kochen. Bei anderen brauchst du etwas mehr Übung. Und bei einigen solltest du dir wenigstens beim ersten Mal von deinen Eltern helfen lassen. Wie schwierig ein Gericht zu kochen ist, erkennst du an den Kochmützen: eine = leicht, zwei = mittelschwer, drei = lass dir helfen!

KÜCHENTRICK:

Hier erfährst du, wie du dir das Kochen einfacher machen kannst. Zum Beispiel, wie du die Zwiebel schälst, ohne zu weinen. Oder was du tun musst, damit die Milch nicht anbrennt.

EINKAUFSTIPP:

Ein guter Koch muss nicht nur gut kochen können. Er braucht die besten Zutaten für seine Gerichte. Wo du sie bekommst und wie du erkennst, was gut ist, sagt dir dieses Zeichen.

SICHERHEIT:

Wer gern kocht, hat schon mal eine Brandblase gehabt. Oder sich geschnitten. Damit solche Pannen nicht zu oft vorkommen, bekommst du mit diesem Zeichen ein paar Tipps für deine Sicherheit. Übrigens. Wenn du dich verbrennst, musst du die Stelle unter fließendes kaltes Wasser halten.

DAS KANNST DU AUCH MACHEN:

Damit du nicht immer das Gleiche kochen musst, stehen bei diesem Zeichen andere Rezepte mit den gleichen Zutaten. Oder Tipps, wie du ein Rezept ein wenig verändern kannst.

WAS, WIE, WARUM?

Wenn du dich beim Lesen der Rezepte fragst, was ein bestimmter Ausdruck bedeutet oder warum du etwas tun sollst: Bei diesem Zeichen findest du die Erklärung.

HALT!

So kannst du nicht anfangen zu kochen. Du brauchst eine Schürze. Wenn du keine hast, dann näh dir eine aus einem großen Geschirr-  tuch. Am besten aus einem rot karierten. Außer dem Tuch brauchst du nur noch breites Wä- scheband, Nadel und Faden.

Am oberen Ende der schmalen Seite deines Tu- ches klappst du beide Ecken nach hinten und nähst sie fest. An den Steg, der bleiben muss, nähst du eine Schlaufe aus Wä- scheband. Sie muss so groß sein, dass du bequem mit dem Kopf durchschlüp- fen kannst. In der Mitte des Tuchs befestigst du rechts und links ein Stück Wä- scheband als Schleife, die du hinter deinem Rücken zusammenbinden kannst.

Sicher hast du dein Kochbuch oft beim Kochen aufgeschlagen neben dir liegen. Damit es keine Fettflecken (und andere Flecken) bekommt, sollte es auch eine Schürze haben. Trenne eine Klarsichtfolie so durch, dass sie nur in der Mitte noch zusammenhängt. Schneide sie auf die Größe dei- nes aufgeschlagenen Kochbuchs zurecht. Du kannst durch die Folie gut die Rezepte lesen. Wenn etwas darauf kleckert, wischst du es hinterher ab.

GUT ZU WISSEN:

In den Rezepten heißt es manchmal: bei kleiner, mittlerer oder starker Hitze. »Kleine Hitze« bedeutet, du musst den Elektroherd auf 0,5 bis höchstens 2 stellen, (Gasflamme: ¼ hoch) – »Mittlere Hitze« heißt 1,5 bis 2 (Gasflamme: ½ hoch) und »Große Hitze« 2,5 bis 3 (Gasflamme: ⁴⁄₄ bis ganz hoch).

VORNEWEG

FRITZ SCHILLING
Käferschänke
Prinzregentenstr. 73
81675 München-Bogenhausen

KARTOFFELSUPPE MIT OLIVENSCHNECKE

Diese Kartoffelsuppe sieht nicht nur besonders schön aus. Ganz nebenbei erfährst du auch noch, wie du selbst Kartoffelchips machen kannst. Fritz Schilling nennt sie »Kartoffeltränen«.

SO WIRD ES GEMACHT:

1 Schäle die Kartoffeln und schneide sie in Würfel. Auch die Schalotten beziehungsweise die Zwiebeln, die Knoblauchzehe, die Lauchstange und das Stück Petersilienwurzel musst du schälen, säubern und würfeln.

2 Das Olivenöl lässt du in einem großen Topf heiß werden und schwitzt darin das Gemüse an, das heißt, du röstest es kurz – etwa 1 Minute – in dem Öl.

Füge die Kartoffelwürfel hinzu und dünste (→ Was, wie, warum? S. 41) sie kurz, also noch einmal etwa 1 Minute.

3 Fülle die klare Hühnerbrühe in den Topf und lass die Suppe bei kleiner Hitze so lange köcheln (→ Was, wie, warum? S. 41), bis die Zutaten weich sind. Das dauert 15 bis 20 Minuten. Wenn du nicht sicher bist, kannst du mit einem Löffel ein Kartoffel- oder Gemüsestückchen herausfischen und probieren. Vorsicht, heiß!

4 Kurz den Mixstab in die Suppe halten und durchquirlen. Aber nicht zu lange, sonst wird die Suppe zäh!

5 Jetzt Thymian, Majoran und Lorbeerblatt dazugeben und die Suppe 10 Minuten auf ein Holzbrett stellen.

6 Währenddessen schlägst du die Sahne halb steif. Danach passierst du die Suppe durch ein feines Haarsieb. Schmecke sie mit Salz, Pfeffer und Muskat ab und verfeinere sie mit der Sahne. Das heißt, du schlägst die Sahne mit einem Schneebesen unter die Suppe.

7 Zum Schluss gießt du die Suppe in tiefe Teller und verzierst sie mit dem Olivenpüree. (→ Küchentrick) Die knusprigen Kartoffelchips im inneren Tellerrand anordnen.

DAS BRAUCHST DU FÜR 4 KINDER:

500 Gramm Kartoffeln (Sorte Christa oder Hansa; nach dem Schälen wiegen), 5 Schalotten (Was, wie, warum? S. 17) oder 2 kleinere weiße Zwiebeln, 40 Milliliter Olivenöl, 1 kleine Knoblauchzehe, das Weiße von 1 Lauchstange, 1 Stück Petersilienwurzel, 1 Lorbeerblatt, 1 kleiner Zweig Thymian, 1 kleiner Zweig Majoran, 1,5 Liter Hühnerbrühe (ersatzweise Hühnerkonzentrat fertig zu kaufen in Dosen, d. h. 1 kleine Dose mit Wasser verdünnen für 1 Liter fertige Brühe), 200 Milliliter Schlagsahne, Salz, Pfeffer, Muskat, 100 Gramm schwarze Oliventapenade (Was, wie, warum? S. 14)

UND AUSSERDEM:

1 großer Topf, 1 Küchenmesser, 1 Handmixer mit Quirlen und Schneidstab (oder statt des Schneidstabs mit einem Mixstab), 1 Pfanne, 1 feines Sieb, 1 Schneebesen, 1 Holzbrett

SO MACHST DU DIE CHIPS:

Du brauchst dazu eine Kartoffel und 200 Gramm Frittierfett. Die Kartoffel schneidest du zuerst in Scheiben und dann in Dreiecke, die ungefähr wie Chips aussehen. Wenn dir das zu schwierig ist, dann schneidest du 2 gleichschenklige Dreieckstangen. Daraus schneidest du dünne Blättchen. Spül sie im kalten Wasser durch, schütte sie ab und trockne sie gut ab. Im heißen Frittierfett backst du sie knusprig aus (→ Sicherheit) und würzt sie anschließend mit Salz und Pfeffer.

KÜCHENTRICKS:

• *Zwiebeln schälen und schneiden ohne Tränen, dafür hat jeder Koch sein Geheimrezept. Zwiebel und Brettchen nass machen, raten manche. Oder: Das Fenster öffnen und direkt daneben die Zwiebel bearbeiten. Meine Oma hat immer gesagt: »Kau ein Stück Weißbrot und atme dabei durch die Nase!« Bei mir hat das gewirkt. Was bei dir funktioniert, musst du selbst ausprobieren.*

• *Füll das Olivenpüree in eine kleine Spritzflasche oder Spitze, um die Suppe zu verzieren. Auch möglich: Forme aus Papier eine Tüte, in die du die Tapenade einfüllst. Auch ohne Tapenade schmeckt die Suppe gut. Und statt selbst gemachter Chips kannst du auch mal fertig abgepackte verwenden.*

EINKAUFSTIPP:

• *Wenn du alle Zutaten für dieses Rezept gekauft hast, bist du ein richtiger Einkaufsprofi! Tapenade und Hühnerkonzentrat bekommst du in den Feinkostabteilungen von Kaufhäusern oder in Feinkostgeschäften. Frischen Thymian, Rosmarin und Petersilienwurzel gibt es manchmal in den Gemüseabteilungen von Kaufhäusern und Supermärkten, fast immer aber auf dem Markt.*

JOSEF VIEHHAUSER

Le Canard
Elbchaussee 139
22763 Hamburg-Altona

FELDSALAT MIT POULARDENFLÜGELN

Ein leckerer Wintersalat, den du sehr hübsch anrichten kannst.

SO WIRD ES GEMACHT:

1 Die Kartoffeln in Salzwasser gar kochen (→ Küchentrick S. 55), das heißt etwa 20 Minuten. Wenn du mit einer Gabel reinstichst, merkst du, ob sie schon weich sind. (→ Sicherheit)

2 Die Schalotten schälen und fein würfeln. Brate sie in 1 Esslöffel Olivenöl an und gib den Geflügelfond dazu. Schmecke die Mischung mit dem Senf, 1 Teelöffel Salz, Essig und frisch gemahlenem Pfeffer kräftig ab. Fülle die Marinade in eine Schüssel.

3 Jetzt pellst du die Kartoffeln und schneidest sie in dünnen Scheiben in die warme Marinade. Zum Schluss rührst du das restliche Olivenöl langsam ein. Etwa 1 Stunde an einem warmen Ort stehen lassen, damit die Kartoffeln gut durchziehen.

> ## DAS BRAUCHST DU FÜR 2 KINDER:
>
> *10 Stück Poulardenflügel,*
> *200 Gramm kleine, fest kochende Kartoffeln,*
> *50 Gramm Feldsalat,*
> *100 Milliliter Geflügelfond,*
> *1 Teelöffel Senf, 2 Esslöffel Champagneressig*
> *(→ Küchentrick),*
> *2 Schalotten*
> *(→ Was, wie, warum?),*
> *50 Milliliter Olivenöl, Salz, Pfeffer aus der Mühle,*
> *2 Esslöffel Fett zum Braten der Poulardenflügel*

4 In dieser Zeit kannst du den Feldsalat putzen. Entferne die gelben Blättchen, wasche ihn gründlich und schleudere ihn trocken. (→ Küchentrick)

5 In der großen Pfanne brätst du die Poulardenflügel bei mittlerer Hitze im heißen Bratfett knusprig. Das dauert etwa 20 Minuten. Dreh sie zwischendurch immer mal mit zwei Gabeln um. (→ Sicherheit)

6 Die Kartoffel mit einem Löffel aus dem Dressing (→ Was, wie, warum? S. 29) holen und auf einem Teller anrichten.

7 Dann den geputzten Feldsalat in das restliche Kartoffeldressing tunken und zusammen mit den Flügeln anrichten.

KÜCHENTRICKS:

• *Salat muss trocken sein, sonst schmeckt die Soße wässrig. Wenn du keine Salatschleuder hast, dann tut es auch ein sauberes Geschirrtuch. Gib den Salat hinein, knüpfe die Enden zusammen – und dann schön hin- und herschleudern. Am besten machst du das auf dem Balkon oder vor der Haustür. Aber nur, wenn grad keiner vorbeigeht.*

• *Es muss nicht unbedingt Champagneressig sein. Auch mit Weißweinessig schmeckt dieses Gericht gut.*

EINKAUFSTIPPS:

• *Geflügelfond bekommst du in der Feinkostabteilung des Supermarktes.*

• *Fest kochende Kartoffeln gibt es überall. Wenn sie unverpackt angeboten werden, kannst du dir die kleinen heraussuchen, die du für dieses Rezept brauchst. Auf dem Markt geben dir die Verkäufer kleine Kartoffeln, wenn du danach fragst.*

DAS KANNST DU AUCH MACHEN:

Feldsalat schmeckt auf viele Arten zubereitet gut. Zum Beispiel mit einer einfachen Vinaigrette (S. 23) und Scheiben von frischen Champignons gemischt.

WAS, WIE WARUM?

Was sind Schalotten? Schalotten sind die feinsten Zwiebeln, die es gibt, weil sie besonders sanft und aromatisch schmecken.

HEINZ WEHMANN

Landhaus Scherrer
Elbchaussee 130
22763 Hamburg-Altona

KARTOFFELSALAT MIT GURKEN, TOMATEN UND GEBACKENEN FISCHEN

Kartoffelsalat essen die meisten Leute mit Würstchen. Oder mit Leberkäse. Man kann ihn aber auch ganz anders zubereiten. Heinz Wehmann macht das so:

SO MACHST DU DEN KARTOFFELSALAT:

1 Koche die Kartoffeln etwa 20 Minuten. Während die Kartoffeln kochen, schälst du die Schalotten, wäschst sie ab und würfelst sie. Prüfe mit einer Gabel, ob die Kartoffeln schon weich sind. (→ Küchentrick S. 55) Gieße sie in ein Sieb, das du in den Ausguss gestellt hast, und pelle sie, solange sie noch warm sind. Dann schneidest du sie in feine Streifen und schüttest sie in eine Salatschüssel.

18

2 Geflügelfond kochst du mit Essig und Zwiebelwürfeln auf, das heißt, du erhitzt ihn, bis er kocht. Dann gießt du ihn über die Kartoffeln. Mit Salz und Pfeffer aus der Mühle abschmecken. Den Salat etwa 10 Minuten stehen lassen.

3 In dieser Zeit wäschst du die Tomaten, trocknest und halbierst sie. Die Hälften legst du mit den Schnittflächen auf ein Brettchen und schneidest sie in Scheiben. Die Gurke schälst du und schneidest sie ebenfalls in Scheiben. Würze die Scheiben mit Salz und Pfeffer. Dann gibst du sie zusammen mit der Majonäse zu den Kartoffeln und schneidest den Schnittlauch mit der Küchenschere darüber.

UND SO BEREITEST DU DEN FISCH ZU:

1 Schneide den Fisch in nicht zu große Stücke und mariniere (→ Was, wie, warum?) diese mit Salz, Pfeffer und Zitronensaft.

2 Mit Küchenpapier tupfst du die Stücke vorsichtig trocken und panierst (→ Was, wie, warum?) sie mit Mehl, Ei und geriebenem Weißbrot. (→ Küchentrick)

3 Erhitze das Fett in der großen Bratpfanne und backe die Fischstücke darin aus.

DAS BRAUCHST DU FÜR 6 KINDER:

1 Kilo fest kochende Kartoffeln, 3 Schalotten, 200 Milliliter Geflügelfond, 150 Milliliter Essig, 1 Salatgurke, 2 Fleischtomaten, 2 Bund Schnittlauch, Salz, Pfeffer aus der Mühle, 150 g Majonäse

Für den Backfisch: 280 Gramm Nordseefische, zum Beispiel Schollenfilet, Saft von 1 Zitrone, 30 Gramm Mehl, 80 Gramm geriebenes Weißbrot, 1 Ei, Bratfett

Für die Garnitur: Gartenkresse, Tomaten

UND AUSSERDEM:

1 Topf, 1 Salatschüssel, 1 Küchenmesser, 1 Brettchen, 1 Küchenschere, 1 Salatbesteck, große Bratpfanne

KÜCHENTRICK:

• Wenn du kein trockenes Weißbrot zum Reiben hast, kannst du auch fertiges Paniermehl nehmen.

SO RICHTEST DU DAS ESSEN AN:

Kartoffelsalat auf den Teller geben. Backfisch obenauf legen. Mit Tomatenstückchen und frischer Gartenkresse garnieren.

EINKAUFSTIPP:

• Vielleicht gibt es bei dir in der Nähe keinen frischen Fisch zu kaufen. Kein Problem! Mit Tiefkühl-Fisch lässt sich das Essen auch zubereiten, auch wenn das nicht ganz so gut schmeckt. Achte darauf, dass kein Reif an der Verpackung ist. Wie du den Fisch am besten auftaust, steht auf der Packung.

DAS KANNST DU AUCH MACHEN:

An Stelle von Fisch kannst du auch gebratene Streifen von Putenbrust zu dem Salat servieren. Oder du kannst Geflügelfleischwurst in Streifen schneiden und unter den Kartoffelsalat geben.

MICHAEL HOFFMANN

Restaurant Margaux
Unter den Linden 78
10117 Berlin

ROTE-BETE-TERRINE MIT SAUERRAHM

Ein Fest für Vampire ist dieses knallrote Essen. In feinen Restaurants werden Scheiben von einer solchen Terrine als Vorspeise serviert.

SO WIRD ES GEMACHT:

1 Zuerst werden die Rote Bete gewaschen. Dann gibst du sie in einen Topf und begießt sie mit Wasser, bis sie gut bedeckt sind. Dazu gibst du einen Esslöffel Salz und einen Teelöffel Kümmel. Das Ganze kochst du, bis die Rote Be-

te weich sind. (→ Sicherheit) Das dauert etwa 25 bis 30 Minuten. Ob sie schon weich geworden sind, testest du mit einer Gabel oder einem Holzspieß.

2 In der Zwischenzeit kochst du den Rote-Bete-Saft auf die Hälfte ein (→ Küchentrick S. 63) und gibst den Himbeeressig dazu.

3 Die weichen Rote Bete pellst du und schneidest sie in Stücke. (→ Küchentrick)

4 Weiche die Gelatine in kaltem Wasser ein, drücke sie aus und löse sie in dem warmen Saft auf. Dabei gut rühren, damit sich die Gelatine wirklich auflöst.

5 Die Rote-Bete-Stücke gibst du dazu. Fülle alles in die Form und stelle es mindestens 3 Stunden kalt (besser: über Nacht).

6 Bevor du die Terrine servierst, schneidest du den Schnittlauch mit der Küchenschere in Röllchen. Der Sauerrahm wird glatt gerührt, d. h., er sollte keine Stückchen mehr haben. Salz und frisch gemahlenen Pfeffer nach Geschmack – lieber zwischendurch probieren, bevor es zu viel wird – und den Schnittlauch unterrühren.

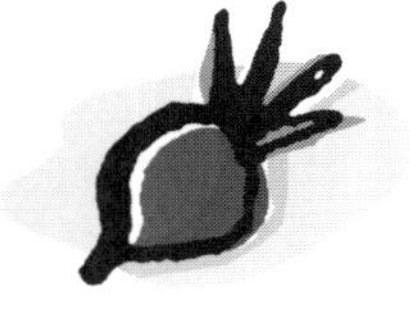

7 Wenn die Terrine fest ist, stürzt du sie (→ Was, wie, warum?) und schneidest sie in beliebig dicke Stücke. Die ordnest du auf einem Teller an und servierst sie zusammen mit dem Sauerrahm.

KÜCHENTRICK:

• Rote Beete verlieren beim Schneiden eine Menge roter Farbe. Die verfärbt alles, womit sie in Berührung kommt. Deshalb solltest du die Rote Bete am besten über einer Schüssel oder sogar auf der Spüle schneiden.

EINKAUFSTIPP:

• Rote Bete gibt es das ganze Jahr. Ihre Hauptsaison hat sie aber von September bis November. Beim Einkaufen solltest du darauf achten, dass die Rote Bete keine Risse in der Schale haben. Sonst bluten sie beim Kochen zu sehr aus, d. h. sie verlieren ihren roten Saft.

DAS KANNST DU AUCH MACHEN:

Aus Rote Bete kannst du auch leckeren Salat machen. Dazu kochst du die Rote Bete genau wie für die Terrine und schneidest sie dann in kleine Stücke. Für zwei Kinder brauchst du eine große oder zwei kleine Rote Bete und eine Zwiebel. Die Zwiebel schneidest du in kleine Stücke und gibst sie zur Rote Bete in eine Schüssel. Dann rührst du eine Vinaigrette, das ist eine einfache Salatsoße aus 4 Esslöffeln Öl, 1 Esslöffel Essig, einem halben Teelöffel Salz, etwas Pfeffer, einer Prise Zucker und einer Messerspitze Senf. Die Soße gibst du über den Salat und vermischst alles.

SICHERHEIT:

Beim Einkochen blubbert der Saft sehr stark. Deshalb solltest du einen Deckel auf den Topf machen. Sonst hast du hinterher den ganzen Herd voller roter Spritzer.

WAS, WIE, WARUM?

Was bedeutet »stürzen«: Beim Stürzen soll die Terrine aus der Form geholt werden. Dazu nimmst du einen großen Teller, auf dem die ganze Terrine Platz hat. Diesen Teller legst du auf die Terrinenform. Dann fasst du den Teller und die Form zusammen an und drehst sie herum. Die Terrine fällt (stürzt) auf den Teller. Wenn sie das mal nicht tut, hier noch ein Trick: Tauche die Form kurz in heißes Wasser. Dann fängt die Gelatine wieder an sich aufzulösen. Die Terrine lässt sich dadurch ganz einfach stürzen.

MARKUS SEMMLER
Mensa
Lützowplatz 5
10785 Berlin-Tiergarten

GEWÜRZBROT IM BLUMENTOPF

Wenn du meinst, dass Blumentöpfe nur für Blumen da sind,
dann hast du dich geirrt. Köchen wie Markus Semmler fällt dazu etwas ganz anderes ein:

SO WIRD ES GEMACHT:

1 Fette die Blumentöpfe ein.

2 Siebe das Mehl in eine Backschüssel. In die Mitte machst du eine Mulde. (→ Küchentrick) Dahinein bröckelst du die Hefe, schüttest die lauwarme Milch, den Zucker und ein wenig Mehl dazu und rührst daraus vorsichtig mit einem kleinen Löffel oder deinem Finger einen Vorteig. Streue ein wenig Mehl darüber und lass ihn mit einem sauberen Geschirrtuch zugedeckt an einem warmen Ort 15 Minuten gehen. (→ Was, wie, warum?)

3 In der Zeit schneidest du Zwiebeln und Knoblauch fein und zerreibst die Rosmarinnadeln mit den Fingern. Die Butter lässt du in einem Topf schmelzen und verrührst sie mit den Eiern, den Gewürzen und dem Dill.

4 Rosmarin, Zwiebeln und Knoblauch mit dem Buttergemisch zum Vorteig geben und alles verkneten.

5 Mit einem Kochlöffel schlägst du den Teig, bis er Blasen wirft, und lässt ihn dann 15 Minuten gehen.

6 Fülle die beiden Blumentöpfe mit dem Teig und lass ihn noch einmal 20 Minuten gehen.

7 In dieser Zeit den Backofen auf 220 °C vorheizen.

DAS BRAUCHST DU FÜR 4 KINDER:

500 Gramm Mehl, 1 Prise Zucker, 50 Gramm Butter, 1 Prise Muskatnuss, 1 Esslöffel Dill, 40 Gramm Hefe, 2 Zwiebeln, 2 Eier, 1 Teelöffel Anis, ½ Teelöffel getrockneter Rosmarin, 1/8 Liter lauwarme Milch, 1 Knoblauchzehe, ½ Teelöffel Salz, ½ Teelöffel Fenchel

UND AUSSERDEM:

2 neue Blumentöpfe, 1 Backschüssel, 1 Sieb, 1 kleiner Topf, 1 Küchenmesser, 1 Kochlöffel

8 Die Oberfläche der Brote mit Wasser bestreichen und 40 Minuten backen. Die Blumentöpfe
umdrehen, die Brote herauslösen und eventuell
mit einem Messer nachhelfen. Fertig!

KÜCHENTRICK:

• *Der Vorteig lässt sich einfacher machen, wenn du
mit einer Tasse die Mulde in das Mehl drückst. In dieser Tasse verrührst du die übrigen Zutaten und gibst
sie erst dann in die Mulde. Dann streust du den Rest
Mehl darüber und verarbeitest alles zum Vorteig.*

EINKAUFSTIPP:

• *Für die Brote im Blumentopf brauchst du Blumentöpfe aus Ton, auf keinen Fall aus
Plastik. Die Töpfe sollten mittlere Größe haben (einen Bodendurchmesser von etwa
15 Zentimetern). Du bekommst Blumentöpfe im Blumenladen oder im Baumarkt.
Zum Backen kannst du die Blumentöpfe natürlich mehrmals verwenden.*

HANS-PETER ENGELS

Hotel Vier Jahreszeiten
Neuer Jungfernstieg 9–14
20354 Hamburg

DER KUNTERBUNTE
SALAT-WHOPPER

Wer sagt eigentlich, dass man Salat immer in eine Schüssel füllen und mit einer Soße übergießen muss? Hans-Peter Engels steckt ihn einfach zwischen zwei Toastscheiben. Das ist lecker, das ist knackig und leicht zuzubereiten ist es auch. 

SO BEREITEST DU DIE SALAT-WHOPPER VOR:

1 Schäle die Gurken und schneide sie in dünne Scheiben.

2 Tomaten werden gewaschen und ebenfalls in dünne Scheiben geschnitten.

3 Jetzt die Maisdose öffnen und den Mais im Sieb abtropfen lassen.

4 Vom Eisbergsalat nimmst du 8 große Blätter, wäschst sie und reißt sie in große Stücke.

5 Halbiere den Schinken und die Käsescheiben und schneide den Schnittlauch in feine Röllchen.

UND SO DAS DRESSING:

1 Gib den Quark in eine Schale und verrühre ihn mit etwas Wasser (etwa 2 Esslöffel).

2 Dazu gibst du einen halben Becher Jogurt und rührst, bis die Soße schön cremig wird.

3 Nun wird das Dressing mit Salz und Pfeffer gewürzt (mit wenig anfangen und abschmecken!).

4 Jetzt kommen die Schnittlauchröllchen hinein. Kurz umrühren. Fertig.

SO WERDEN DIE WHOPPER GEBAUT:

1 Die Toastscheiben werden schön goldbraun getoastet und mit etwas Butter bestrichen. Vier davon verteilst du auf die Teller.

2 Auf jede kommt zuerst eine Scheibe Schinken und danach eine Scheibe Käse.

3 Anschließend werden Gurkenscheiben in Fächerform darauf gelegt. Nimm mit einem Löffel etwas vom Dressing und bestreiche die Gurkenschicht damit.

4 Mais darüber streuen und anschließend je ein Salatblatt darauf legen. Wieder mit etwas Dressing bestreichen.

5 Tomatenscheiben darüber legen und mit etwas Dressing bestreichen.

6 Abwechselnd stapelst du nun Käse, Schinken und Salat aufeinander, bis alles aufgebraucht ist.

7 Zum Schluss werden die restlichen Toastscheiben mit etwas Butter bestrichen und obendrauf gesetzt.

8 Zum Garnieren schneidest du Kresse mit der Schere ab und bestreust Toast und Tellerrand damit.

ZWISCHENDURCH

HEINRICH STERN

Stern's Restaurant im Romantik-Hotel Georgenhof
Herrenhäuser Kirchweg 20
30167 Hannover-Herrenhausen

STUDENTENFUTTER

Dieses Studentenfutter mögen nicht nur Studenten gern. Die Menge ist für eine Person mit gutem Hunger berechnet. Du kannst sie aber beliebig verdoppeln, verdreifachen, vervierfachen und so weiter.

SO WIRD'S GEMACHT:

1 Schäle die Zwiebel (→ Küchentrick S. 14) und schneide sie in feine Streifen. Die Petersilie fein hacken. Den Eisbergsalat putzen und in 2 x 2 cm große Stücke schneiden. Aus Jogurt, Zitronensaft, Zucker, Salz und eventuell Kräutern in einer Schüssel mit dem Schneebesen eine Soße anrühren.

2 Schlage das Ei in eine Tasse und verquirle es. Vermenge die Hälfte davon in einer Schüssel mit dem Mett. Würze mit Salz, Pfeffer und ein wenig frisch geriebener Muskatnuss. (→ Was, wie, warum?) Gut durchkneten. Zerreiße die Masse in kleine Klumpen.

3 In dem hohen Topf setzt du das Wasser für die Nudeln auf: den Topf halb mit Wasser füllen, ein Esslöffel Salz dazu.

DAS BRAUCHST DU FÜR 1 KIND:

100 Gramm gemischtes Mett (halb Thüringer, halb Rindermett; → Das kannst du auch machen), 30 Gramm Butter oder Öl, ½ kleine Zwiebel, ½ Teelöffel Mehl, 1 bis 2 Teelöffel Senf, 100 Gramm Sahne oder Dosenmilch, 1 Teelöffel Petersilie, ½ Ei, ¼ Eisbergsalat, 50 Gramm Jogurt, ½ Zitrone, 1 Esslöffel Zucker, Muskatnuss, Salz und Pfeffer aus der Mühle nach Geschmack, eventuell Kräuter wie Melisse, Minze, Kerbel oder Koriandergrün

WAS, WIE, WARUM?

*• Gemahlene Gewürze, also
zum Beispiel auch Muskat-
nuss, verlieren schnell ihr Aro-
ma. Deshalb schmeckt es besser, wenn du Muskatnüsse
frisch reibst.*

*• Bissfest: Nudeln bissfest ko-
chen heißt, sie so zu kochen,
dass sie nicht matschig sind,
sondern dass du noch ein wenig beißen musst, um sie zu
zerkleinern. Halte dich deshalb genau an die Anweisung
zur Kochzeit auf der Packung.
Wenn du einen Küchenwecker
benutzt, kannst du die Nudeln
nicht vergessen.*

4 In der Pfanne mit hohem Rand oder einem Topf erhitzt du das Fett. Gib die Zwiebeln dazu und lass sie
kurz anbraten. Sie dürfen nicht braun werden. Jetzt
kommt das Mett dazu. Rühre mit dem Holzlöffel gut
um und lass es leicht braun anbraten. Dann kommen
der Senf und das Mehl dazu. Durchrühren und die
Sahne reingießen. Etwa drei bis vier Minuten bei kleiner Hitze leicht köcheln (→ Was, wie, warum? S.41)
lassen.

5 Sobald das Wasser kocht, schüttest du die Nudeln
hinein. Schalte die Temperatur herunter (mittlere Hitze) und koche die Nudeln bissfest. (→ Was, wie, warum?) Gieße sie in ein Sieb und lass sie abtropfen. Probier mal, wie sie schmecken: Eventuell musst du sie
noch mit Salz und etwas frisch geriebener Muskatnuss nachwürzen.
Den Eisbergsalat mit der Soße vermischen.

DAS KANNST DU AUCH MACHEN:

Thüringer und Rindermett ist durchgedrehtes
Schweine- beziehungsweise Rindfleisch, das schon
gewürzt ist. Weil es das nicht überall zu kaufen
gibt, kannst du stattdessen auch Schweinemett und
Rinderhackfleisch nehmen. Du musst es dann etwas
kräftiger würzen. (Abschmecken!) Fleisch kaufst du
am besten in der Metzgerei ein, am allerbesten in einer Bio-Metzgerei. Da
kannst du sicher sein, dass die Tiere so behandelt werden, wie es für sie und
dich am besten ist.

GUTBERT FALLERT

Restaurant Fallert im Hotel Talmühle
Talstr. 36
77887 Sasbachwalden

KARTOFFELGEMÜSE

In anderen Ländern werden Kartoffeln als Gemüse serviert.
Hier ist eine leckere Mischung aus beiden.

SO WIRD'S GEMACHT:

1 Schäle die Kartoffeln und schneide sie in
½ cm große Würfeln. Na ja, ungefähr. Von
der Lauchstange wird nur das Helle verwendet. Sie wird geputzt. (Küchentrick S. 41) Von
den Frühlingszwiebeln wird das Grün abge-
schnitten. Dann werden sie geschält. Die
Knoblauchzehe ebenfalls schälen. Lauch,
Zwiebeln und Knoblauch klein schneiden, ungefähr halb so groß wie die Kartoffelwürfel.
Die Kräuter hacken. Wasser abmessen und in
einem kleinen Topf die Gemüse- oder Geflügelbrühe herstellen.

DAS BRAUCHST DU FÜR 4 KINDER:

*500 Gramm neue Kartoffeln,
1 Karotte, 3 Stangen vom
Staudensellerie, 1 junger Lauch,
6 Frühlingszwiebelchen,
1 kleine Knoblauchzehe,
300 Milliliter Gemüsebrühe
oder Geflügelbouillon, 1 Hand
voll frische Kräuter (→ Das
kannst du auch machen, Einkaufstipp), Salz, Pfeffer, Muskat,
1 Esslöffel Butter*

2 In der Pfanne zerlässt du die Butter bei mittlerer Hitze. Darin dünstest (→ Was, wie, warum? S. 41) du die Frühlingszwiebel an, und zwar ungefähr 2 Minuten. Sie darf nicht braun werden. Gib das restliche Gemüse dazu und dünste es eine Minute mit. Jetzt kommen die Kartoffeln hinein. Gieß so viel Brühe hinein, dass alles gerade bedeckt ist, und würze mit Salz, Pfeffer aus der Mühle und einer Prise frisch geriebenem Muskat. (→ Küchentrick) Lass das Kartoffel»gemüse« leicht köcheln. (→ Was, wie, warum? S. 41) Gelegentlich umrühren. Wenn das Gemüse zu trocken wird, mit etwas Brühe nachgießen.

Nach etwa 15 Minuten (probier mal ein Stückchen) sind die Kartoffeln und das Gemüse gar. Bestreue sie mit den Kräutern.

EINKAUFSTIPP:

• *Kräuter kann man frisch, getrocknet oder gefroren kaufen. Frische Kräuter schmecken zwar weniger intensiv als getrocknete, sie sind aber viel aromatischer. Beim Einkaufen achte darauf, dass Stängel und Blätter saftig grün und weder trocken noch verfärbt sind.*

KÜCHENTRICK:

• *Häufig steht in Rezepten nicht dabei, wie viel Salz und Pfeffer du genau nehmen sollst. Das hat einen guten Grund: Würzen ist nämlich Geschmacksache. Was dem einen schon zu viel ist, schmeckt für andere noch total fad. Außerdem kommt es immer auf die Zutaten an, in diesem Fall also zum Beispiel darauf, wie kräftig die Brühe ist, die angegossen wird.*

Als Faustregel gilt: Lieber zu wenig als zu viel würzen. Fang ruhig mit einer Prise oder einer Löffelspitze an und probiere zwischendurch, ob dein Essen schon schmeckt. Nachwürzen kann man immer.

DAS KANNST DU AUCH MACHEN:

Mit verschiedenen Kräutern schmeckt dieses Gericht immer wieder anders. Probier es mal mit Petersilie oder Schnittlauch, Dill oder Basilikum.

Wenn du das Kartoffel»gemüse« mit einer Beilage servieren willst, hast du verschiedene Möglichkeiten. Ganz edel schmeckt Spargel. 4 weiße und 8 grüne Spargel werden mit einem Spargelschäler geschält (nur die weißen, aber bei allen die unteren Enden abschneiden) und in etwa 3 cm lange Stücke geschnitten. In kochendes Wasser legen, das mit einem Teelöffel Salz, einer Prise (→ Was, wie, warum? S. 69) Zucker und einem Teelöffel Butter gewürzt wurde. In 15 Minuten knackig gar kochen, abschrecken, das heißt mit kaltem Wasser übergießen, und in Butter und etwas Spargelfond erhitzen. Mit Salz, einigen Tropfen Zitronensaft und Pfeffer abschmecken.

Statt Spargel kannst du auch ein Würstchen dazugeben oder ein Stück gebratenen Fisch oder Fleisch.

JÖRG MÜLLER

Restaurant Jörg Müller
Süderstr. 8
25980 Westerland/Sylt

KINDER-GOURMETBURGER

Von Burgern kannst du nie genug bekommen? So frisch und knackig 
wie in diesem Rezept hast du sie bestimmt noch nicht gegessen.

SO MACHST DU DEINEN BURGER:

1 In einer Pfanne (→ Sicherheit) erhitzt du 1 Esslöffel Öl bei mittlerer Hitze. Gib die Zwiebel dazu und brate sie kurz an, bis sie hellgelb sind. Fülle sie in eine Schüssel und stelle sie im Kühlschrank zehn Minuten kalt.

2 Wenn die Zwiebeln abgekühlt sind, gibst du Hackfleisch, Ei, Salz, Pfeffer, Petersilie und Paniermehl dazu und knetest alles gut durch. Dann formst du zwei kleine Bällchen (→ Küchentrick) und drückst sie etwas platt.

3 In der Pfanne erhitzt du 1 bis 2 Esslöffel Öl und brätst darin das Fleisch von beiden Seiten goldbraun. Das dauert etwa eine Viertelstunde. Zwischendurch musst du die Bällchen ein paar Mal mit dem Pfannenwender umdrehen.

4 Schneide das Baguettebrötchen auf, belege die untere Hälfte mit Salatblättern, Tomaten und Gurkenscheiben und bestreiche die andere mit etwas Ketschup oder Majonäse.

5 Nun noch das Hacksteak auflegen, mit der anderen Brötchenhälfte zuklappen und fertig ist dein hausgemachter Gourmetburger.

Tipp: Wenn du einen Cheeseburger haben willst, dann lege einfach eine Scheibe Käse (Gouda oder Tilsiter) dazwischen.

KÜCHENTRICKS:

• Feuchte deine Hände mit kaltem Wasser an, bevor du die Fleischbällchen formst. Dann bleibt das Fleisch nicht an deinen Händen kleben. Die Bällchen gleiten ganz leicht in die Pfanne.

DAS BRAUCHST DU FÜR 1 KIND:

120 Gramm gemischtes Hackfleisch (→ Einkaufstipp), 2 Esslöffel Paniermehl, 1 Ei, 1 Esslöffel fein gehackte Zwiebeln (→ Küchentrick), 1 Teelöffel gehackte Petersilie, ¼ Teelöffel Salz, etwas Pfeffer, Öl zum Anbraten, 1 Baguettebrötchen, 2–3 Salatblätter, 2–3 Tomatenscheiben, 1 Gurkenscheibe zum Garnieren, nach Wunsch etwas Ketschup oder Majonäse

UND AUSSERDEM:

1 kleine Pfanne, 1 Schüssel, 1 Pfannenwender

• *So bekommst du kleine Zwiebelstückchen: Schneide die Zwiebel der Länge nach durch. Lege sie mit den Schnittflächen auf ein Brettchen. Schneide sie erst längst in Streifen und dann quer in Streifen. Sie zerfällt dann in kleine Würfel.*

EINKAUFSTIPP:

• *Rindfleisch kaufst du am besten in der Metzgerei ein. Am allerbesten in einer Bio-Metzgerei, wenn eine in deiner Nähe ist. Dann kannst du sicher sein, dass die Rinder so behandelt worden sind, wie es für sie und für dich am besten ist.*

DAS KANNST DU AUCH MACHEN:

Das solltest du mal ausprobieren: Ketschup Marke Eigenbau. Dazu brauchst du eine Menge Tomaten (3 Kilo). Die wäschst du und schneidest sie klein. Jetzt kommen sie in einen Topf. Und dazu: 10 Gramm gemahlene Nelken. 10 Gramm Zimt, 10 Gramm gemahlener Ingwer, 40 Gramm Salz, 1 durchgepresste Knoblauchzehe und ¾ Liter Essig. Koche alles zu Mus. Mit Pfeffer würzen und das Mus mit einem Löffel durch ein Sieb streichen. Dein Ketschup wird in Flaschen gefüllt und kühl aufbewahrt.

LOTHAR EIERMANN
Wald- & Schlosshotel Friedrichsruhe
74639 Zweiflingen

SCHNITTLAUCH-CRÊPES MIT LAUCHRAGOUT

Crêpes sind ganz dünne Pfannkuchen, die die Leute in Frankreich er-funden haben. Ihren Namen haben sie vom französischen Wort »crê-per«. Das heißt kräuseln. Schau mal genau hin: Wenn du die Crêpes bäckst, kräuseln oder wellen sie sich ein wenig in der Pfanne.

SO MACHST DU DIE CRÊPES:

1 Mit einem Schneebesen verrührst du das Mehl mit der Milch, bis du einen glatten, dünnflüssigen Teig hast.

2 Darunter rührst du das Ei und die zwei Ei-gelb.

3 In einem kleinen Topf schmilzt du die But-ter bei mittlerer Temperatur. Rühre sie flüssig in den Teig und würze mit Salz – etwa ½ Tee-löffel – und einer Messerspitze Muskat.

DAS BRAUCHST DU FÜR 1 KIND:

Für die Crêpes:
65 Gramm Mehl, 150 Milliliter Milch, 1 Ei, 2 Eigelb, 20 Gramm Butter, Salz, Muskat, 1 Bund Schnittlauch

Für die Füllung:
3 Stangen Lauch, 1 Esslöffel Butter, 250 Gramm Sahne, Salz, Pfeffer, Muskat

4 Den Schnittlauch zerschneidest du mit der Küchenschere in kleine Röllchen, die ebenfalls unter den Teig gerührt werden.

5 In der beschichteten Pfanne backst du nacheinander dünne Crêpes: In die heiße Pfanne füllst du mit einer Schöpfkelle so viel Teig, dass der Boden gerade bedeckt ist. Nach etwa 1½ bis 2 Minuten ist der Crêpe fertig.
Er gleitet leicht aus der Pfanne und kann auf einem Teller beiseite gestellt werden.

UND DAZU DIE LAUCHFÜLLUNG:

1 Der Lauch wird gewaschen und in Streifen geschnitten. (→ Küchentrick)

2 In der großen Pfanne erhitzt du bei mittlerer Hitze einen Esslöffel Butter und lässt den Lauch darin 3 Minuten dünsten. (→ Was, wie, warum?)

3 Gieß die Sahne dazu und lass den Lauch bei kleiner Temperatur weich köcheln. (→ Was, wie, warum?)
Das dauert etwa 10 Minuten. Die Soße soll leicht sämig (→ Was, wie, warum?) sein.

4 Würze die Lauchsoße mit Salz, Pfeffer und Muskat. Gib etwas Soße auf jeden Crêpe. Die klappst du dann zusammen, legst sie auf eine Platte oder in eine flache, feuerfeste Form und erhitzt sie im heißen Ofen (100 °C) noch einmal etwa 5 Minuten.

KÜCHENTRICK:

• Lauch ist oft sehr schmutzig. Der Schmutz sitzt zwischen den einzelnen Schichten. Man muss ihn gründlich entfernen, sonst knirscht es beim Essen zwischen den Zähnen. So kriegst du den Dreck raus: Du schneidest das Grüne vom Lauch ab. Das brauchst du nicht zum Kochen. Die restliche Stange schneidest du vorsichtig längs durch. Aber nicht ganz, sondern so, dass sie oben noch zusammenhängt. Jetzt kannst du den Lauch unter fließendem Wasser zwischen den einzelnen Schichten säubern. Erst danach wird die Kopfseite weggeschnitten.

EINKAUFSTIPP:

• Lauch kannst du das ganze Jahr über kaufen. Im Frühling gibt es oft nur dünne Stangen, im Winter manchmal sehr dicke. Von den sehr dicken Stangen brauchst du nur zwei für dieses Gericht. Von den dünnen kaufst du besser vier. Das Weiße vom Lauch soll glatt und fest aussehen. Manchmal ist die oberste Schicht etwas trocken oder die grünen Teile fangen an gelb zu werden. Dann ist der Lauch nicht mehr frisch.

WAS, WIE, WARUM?

• Dünsten heißt: etwas mit wenig Flüssigkeit oder Fett bei kleinen Temperaturen garen.

• Sämig: »Die Soße sollte leicht sämig sein«, heißt es in diesem Rezept. Das bedeutet: Die Soße soll aussehen wie eine dicke Suppe mit kleinen Lauchstückchen.

• Köcheln bedeutet ein ganz klein bisschen kochen. Du kannst den Unterschied sehen: Beim Kochen gibt es ganz große Blasen, beim Köcheln nur sehr kleine Bläschen.

DAS KANNST DU AUCH MACHEN:

Crêpes schmecken auch sehr gut mit süßen Füllungen. Du kannst sie ganz einfach mit Zucker bestreuen. Probier mal braunen Zucker! Oder mit Marmelade bestreichen. Du kannst auch sehr kleine Obstwürfel zum Beispiel von Ananas oder Birnen hineinfüllen und etwas geschlagene Sahne dazugeben.

DORIS-KATHARINA HESSLER

Restaurant im Hotel Hessler
Am Bootshafen 4
63477 Maintal-Dörnigheim

SCHAFSKÄSETORTE

Torte muss nicht immer süß sein. Und Käse muss nicht immer aus
Kuhmilch bestehen. Diese herzhafte Schafskäsetorte ist ganz einfach herzustellen.

SO WIRD DER TEIG GEMACHT:

1 Verknete Quark, Butter, Mehl, Salz und Backpulver miteinander, bis ein
fester Teig entsteht. Forme ihn zu einer Kugel und stelle ihn im Kühlschrank
kalt, bis die anderen Vorbereitungen abgeschlossen sind.

UND SO MACHST DU DIE FÜLLUNG:

1 Vermische den Schafskäse mit der sauren Sahne.

2 Schneide auf einem dünnen Brettchen den Schnittlauch und die Petersilie in kleine Stückchen. Verrühre die Kräuter mit dem Schafskäse.

3 Rolle den Teig auf dem Boden einer Springform aus oder verteile ihn auf einem Blech.

4 Verteile die Füllung auf dem Teig. Streue eine Hand voll Sonnenblumenkerne darauf.

5 Backe die Schafskäsetorte 20 Minuten im heißen Backofen bei 200 °C.

EINKAUFSTIPP:

• Schafskäse gibt es fast immer frisch an der Käsetheke. Wenn du dort keinen bekommst, findest du ihn abgepackt im Käseregal. Häufig wird Schafskäse auch als Feta bezeichnet.

DAS BRAUCHST DU FÜR 4 KINDER:

Für den Teig:
150 Gramm Quark,
150 Gramm Butter oder
Margarine, 200 Gramm Mehl
(möglichst Vollkornmehl),
1 Teelöffel Salz, 1 Teelöffel
Backpulver

Für die Füllung:
200 Gramm griechischer
Schafskäse (Feta), 1 Becher
saure Sahne oder Schmand,
1 Bund Schnittlauch, 1 Bund
Petersilie, Sonnenblumenkerne

UND AUSSERDEM:

1 Teigschüssel, 1 Brettchen,
1 Küchenmesser, 1 Teigrolle,
1 Springform oder 1 Backblech

DAS KANNST DU AUCH MACHEN:

Statt Schafskäse kannst du auch andere Sorten nehmen, zum Beispiel Ricotta, Mozarella, Mascarpone. Andere frische Kräuter schmecken ebenfalls gut, wie zum Beispiel Basilikum oder Kerbel. Statt Sonnenblumenkernen eignen sich auch Pistazien-, Pinien- oder Kürbiskerne.

DIETER MÜLLER

Restaurant Dieter Müller
im Schlosshotel Lerbach
Lerbacher Weg
51465 Bergisch Gladbach-Heidkamp

APFEL-ZWIEBACK-AUFLAUF MIT VANILLESOSSE

Das ist das Lieblingsrezept von Dieter Müllers Kindern. Wenn er Zeit hat, kocht er es für die drei. Wenn er keine hat, kochen sie es für ihn.

SO MACHST DU DEN AUFLAUF:

1 Bevor du anfängst, stellst du den Backofen auf 190 °C ein. Das heißt, er wird vorgeheizt.

2 Dann begießt du den Zwieback mit der Milch und stellst ihn an die Seite. Ziehen lassen nennt man das.

3 Jetzt werden die Äpfel geschält, und zwar so dünn, wie du kannst. Das Kerngehäuse stichst du mit einem Apfelkernausstecher aus, wenn ihr einen habt. Sonst kannst du auch den Apfel vierteln und das Gehäuse vorsichtig herausschneiden. Schließlich reibst du die Äpfel grob auf einer Rohkostscheibe und beträufelst sie mit etwas Zitronensaft, damit sie sich nicht verfärben.

4 Mische den Zucker mit dem Zimt. Die Hälfte davon rührst du vorsichtig unter die Äpfel.

44

5 Den Sauerrahm verquirlst du mit den Eiern und würzt die Mischung mit dem restlichen Zimtzucker.

6 Eine feuerfeste Auflaufform wird leicht ausgefettet. Dazu nimmst du etwas Butter – ungefähr einen Teelöffel voll – und verteilst sie mit dem Backpinsel in der Form. Wenn du keinen Pinsel hast, kannst du auch die Finger nehmen.

7 Die Hälfte von dem Zwieback füllst du in die Form. Darauf verteilst du die Apfelmasse und bedeckst sie mit dem restlichen Zwieback. Das Sahnegemisch wird darüber gegossen und vorsichtig verteilt. Jetzt noch mit Paniermehl bestreuen und mit Butterflöckchen belegen. In den vorgeheizten Backofen schieben und bei 190 °C 40 Minuten goldbraun backen.

SO MACHST DU DIE VANILLESOSSE:

1 Die Vanilleschote legst du auf ein Brettchen und schlitzt sie mit der Spitze vom Küchenmesser der Länge nach auf. Kratze das Mark heraus und gib es in die Milch. Lass sie einmal aufkochen und nimm sie dann von der heißen Herdplatte. (→ Küchentrick) Immer mal wieder umrühren, damit sich keine Haut bildet.

2 Jetzt trennst du die Eier. (→ Küchentrick S. 81) Die Eiweiß brauchst du für dieses Rezept

WAS, WIE, WARUM?

*Was bedeutet: passieren?
In der Küchensprache
heißt »passieren« nicht,
dass etwas geschieht.
Es bedeutet, dass eine
Flüssigkeit, hier die Soße,
in ein feines Sieb gegossen
und mit einem Kochlöffel
oder Löffel sanft durch die
Löcher gedrückt wird.
Dabei wird sie cremiger.
Stückchen bleiben hängen.*

nicht. Die Eigelb schüttest du in einen Topf und rührst sie mit dem Zucker schaumig. Das geht so: Zuerst rührst du das Eigelb glatt. Dann schlägst du die Zutaten so lange mit dem Schneebesen, bis sich der Zucker aufgelöst hat und die Mischung ganz cremig ist. Weiterschlagen, bis sie fast weiß und dick ist! Fällt dir dein Arm ab? Vielleicht löst dich ja mal jemand ab. Etwa 10 Minuten muss geschlagen werden.

3 In diese Mischung gießt du die heiße Milch und schlägst sie schnell, aber nicht hektisch, unter.

4 Der Topf kommt auf den Herd, und zwar bei mittlerer Hitze. Jetzt wird mit einem Kochlöffel langsam, aber stetig gerührt, bis die Mischung gebunden ist. (→ Küchentrick)

5 Die Soße wird durch ein Sieb passiert (→ Was, wie, warum?) und kühl gestellt.

6 Kurz vor dem Servieren schlägst du die Schlagsahne und rührst sie unter die Soße.

KÜCHENTRICKS:

*• Die Vanillesoße schmeckt nach dem Rezept von Dieter Müller wirklich toll. Sie ist aber nicht ganz leicht zuzubereiten.
Deshalb hier ein einfaches Rezept:
Lass ¼ Liter Milch heiß werden. Nimm den Topf von der heißen Herdplatte und gib eine halbe aufgeschlitzte Vanilleschote hinein. Nach 10 Minuten holst du sie mit dem Löffel heraus.*

Jetzt kommen 1 gehäufter Esslöffel Zucker und 1 Teelöffel Stärkemehl in die Milch. Koche sie kurz auf und nimm sie wieder von der Platte. Dann trennst du ein Ei (→ Küchentrick S. 80), verquirlst das Eigelb mit 2 Esslöffeln der heißen Milch und rührst es dann in die Milch. Lass die Soße abkühlen und rühre sie dabei immer mal wieder um, damit sich keine Haut bildet. Wenn sie kalt ist, rührst du wieder 2 Esslöffel geschlagene Schlagsahne darunter.

• So erkennst du, ob die Soße gebunden ist: Schau dir immer wieder den Kochlöffel an. Wenn er ganz gleichmäßig von der hellen Creme bedeckt ist, dann ist es so weit. Eiersoßen dürfen eigentlich nicht kochen, sonst gerinnt das Eigelb. Wenn du eine Prise Mehl dazugibst, kannst du das verhindern.

• Milch brennt schnell an. Das kannst du verhindern, wenn du den Topf vorher mit kaltem Wasser ausspülst. Anschließend nicht abtrocknen!

EINKAUFSTIPPS:

• Vanilleschoten bekommst du im Supermarkt da, wo es Gewürze gibt.

• Es gibt viele Apfelsorten. Jede Sorte hat einen anderen Namen und einen anderen Geschmack. Für dieses Rezept brauchst du Äpfel, die säuerlich schmecken, sonst wird der Auflauf zu süß. Gut geeignet sind zum Beispiel die Sorten Boskop oder Granny Smith. Wenn du beide haben kannst, dann wähle Boskop. Er hat viel mehr Vitamin C als Granny Smith.

MITTENDRIN

CLAUS-PETER LUMPP

Restaurant Bareiss
Gartenbühlweg 14
72261 Baiersbronn-Mitteltal

KRÄUTERPFANNKUCHEN MIT PROVENÇALISCHER HACKFLEISCHSOSSE

Für »4 hungrige Kinder« hat Claus-Peter Lumpp dieses Rezept aufgeschrieben. Tatsächlich werdet ihr richtig gut satt davon. Obwohl ihr am Anfang sicherlich meint: »Von diesem Kuchen kann ich nie genug kriegen!«

SO WIRD ES GEMACHT:

Du beginnst mit der provençalischen (Was, wie, warum?) Soße, da sie die meiste Kochzeit in Anspruch nimmt. Während sie vor sich hin köchelt (Was, wie, warum? S. 41), kannst du in Ruhe die Pfannkuchen zubereiten.

1 Zuerst wäschst du die Champignonköpfe und schneidest sie in Scheiben. Wenn du frische Kräuter verwendest, hackst du sie klein.

2 Erhitze den Topf und gib Öl hinein. Du gibst die Zwiebeln dazu und brätst sie hellbraun an. Dabei musst du mit dem Kochlöffel ständig rühren, damit sie nicht schwarz werden.

Hackfleischsoße:
5 Esslöffel Olivenöl zum Anbra-
ten, 1–2 Zwiebeln, fein gehackt
(ca. 200 Gramm) (→ Küchentrick
S. 38), 2 Knoblauchzehen, fein
gehackt, 100 Gramm frische
Champignons, 350 Gramm Rin-
derhackfleisch vom Metzger,
2 Esslöffel Tomatenmark, ½ Liter
Fleischbrühe, 2 Esslöffel frisch ge-
hackte Kräuter (Thymian, Rosma-
rin, Salbei, Basilikum) oder 1 Tee-
löffel getrocknete Kräuter der
Provence (→ Einkaufstipp), 1 Tee-
löffel Speisestärke (Mondamin),
200 Gramm frisch geriebener Kä-
se, zum Beispiel Emmentaler oder
Fontina, Salz, Pfeffer aus der
Mühle

3 Jetzt kommen die Pilze in den Topf. Lass alles 2 Minuten weiterbraten, bis die Pilze nur noch halb so groß sind. Ungefähr jedenfalls.

4 Nun wird das Hackfleisch mit angebraten. Es kann sein, dass es etwas Wasser zieht. Das ist nicht schlimm. Einfach weiterrühren, bis das Wasser verkocht ist!

5 Wenn das Hackfleisch hellbraun ist, gibst du das Tomatenmark und die gehackten oder getrockneten Kräuter dazu. Würze mit Salz und Pfeffer aus der Mühle, rühre noch zweimal um und fülle mit der Brühe auf.

6 Du lässt die Soße nun aufkochen und gibst 1 Teelöffel Mondamin dazu, den du vorher mit 2 Esslöffeln kaltem Wasser angerührt hast.

7 30 Minuten lang lässt du die Soße im Topf ohne Deckel vorsichtig bei mittlerer Hitze einkochen. Ab und zu umrühren! Dann sollte eine dickflüssige Soße entstanden sein. Das muss sie sein, da sie sonst aus der Torte herauslaufen würde! Würze sie noch einmal nach Geschmack mit Salz und Pfeffer.

NUN IST DER PFANNKU-CHENTEIG AN DER REIHE:

1 Zerkleinere die Kräuter und gib sie zusammen mit Mehl, Milch und Eiern in eine Schüssel. Rühre alles mit dem Schneebesen oder Küchenquirl zu einem dünnen, glatten Teig. Mit etwas Salz und Pfeffer nach deinem Geschmack abschmecken.

2 In der Pfanne erhitzt du 1 Teelöffel Butterfett. Den Pfannenboden mit einer Schöpfkelle Teig ausgießen und die Pfannkuchen auf beiden Seiten goldgelb backen. (→ Küchentrick) Sie werden auf einem Teller übereinander gelegt. Der Teig muss für 8 Pfannkuchen ausreichen!

3 Den Backofen auf 175 °C vorheizen.

Pfannkuchenteig:
200 Gramm Mehl Type 405, ¼ Liter Vollmilch, 3 frische Eier, 1 Esslöffel Schnittlauch, geschnitten, 1 Esslöffel Petersilie, gehackt, ½ Esslöffel Kerbel, gezupft, Salz, Pfeffer aus der Mühle, Butterfett zum Braten

UND AUSSERDEM:

Für den Teig:
1 Schüssel, 1 Waage, 1 Schneebesen, 1 kleine Pfanne, 1 Schöpfer der Größe 6,5 = 70 Milliliter, 1 großer, flacher Teller, 1 Pfannenwender

Für die Soße:
1 großer Topf, Durchmesser 25 cm, 1 Kochlöffel, 1 kleine Schüssel, Schneidewerkzeug: kleine/große Messer

UND SO WIRD DIE TORTE FERTIG GESTELLT:

1 Nimm einen großen feuerfesten Teller (mindestens 30 cm Durchmesser) oder eine ofenfeste Platte und lege in die Mitte den ersten Pfannkuchen.

2 Darauf verteilst du 2 bis 3 Esslöffel von der dicken Fleischsoße, sodass der ganze Pfannkuchen eingestrichen ist. Darüber streust du noch ca. 1 Esslöffel Käse.

3 Jetzt legst du den nächsten Pfannkuchen auf den bestrichenen Pfannkuchen und drückst ihn leicht an. Vorsicht: Nur sanft drücken, da die Soße sonst herausläuft! Nun wieder 2 bis 3 Esslöffel Fleischsoße auf den zweiten Pfannkuchen geben. Käse darüber streuen – leicht andrücken und den nächsten Pfannkuchen auflegen. Und so weiter, bis du beim achten Pfannkuchen angekommen bist. Auf diesen streust du nur noch den restlichen Käse und ab mit der Torte in den Backofen auf die mittlere Schiene. Nach etwa 20 bis 30 Minuten, wenn der Käse schön verlaufen ist, ist die Torte fertig. Sie wird wie ein Kuchen mit einem scharfen Messer aufgeschnitten. Die Größe der Tortenstücke kannst du nach eurem Appetit portionieren.

KÜCHENTRICK:

• *Pfannkuchen zu wenden ist nicht ganz einfach. Geübte Köche werfen sie in die Luft und fangen sie mit der Pfanne auf der anderen Seite wieder auf. Deine Eltern sind vielleicht nicht begeistert, wenn du das probierst. Du kannst dir aber mit einem Teller helfen. Auf den lässt du den Pfannkuchen gleiten. Dann bedeckst du den Teller mit der Pfanne – und schnell umdrehen!*

EINKAUFSTIPP:

• *Kräuter der Provence gibt es manchmal auf dem Markt als Bund. In jedem Geschäft gibt es getrocknete Kräuter der Provence und oft auch Tiefkühlkräuter.*

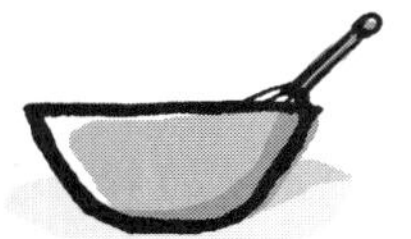

DAS KANNST DU AUCH MACHEN:

Die Soße schmeckt auch einmal zu den Bandnudeln auf Seite 56 oder zu den Gnocchi auf Seite 50!

JOSEF HUBERTUS

Hotellerie Hubertus
Metzer Str. 1
66636 Tholey

MAKKARONI MIT BRATKARTOFFELN UND MIRABELLEN

Berühmte Rezepte entstehen oft, weil ein mutiger Koch etwas ausprobiert, was vor ihm noch niemand gewagt hat. Wenn du erst einmal probiert hast, wie gut Nudeln, Bratkartoffeln und eingemachtes Obst zusammen schmecken, dann wirst du in Zukunft selbst gern Experimente machen.

SO WIRD ES GEMACHT:

1 Kartoffeln waschen und im mittelgroßen Topf in der Schale etwa 20 Minuten kochen. (→ Küchentrick) Während die Kartoffeln kochen, schneidest du das Dörrfleisch in kleine Würfel. Das Weißbrot entrinden und würfeln. Die Mirabellen schüttest du in das kleinere Sieb und lässt sie abtropfen. Die fertigen Kartoffeln (Sicherheit) mit kaltem Wasser abschrecken. (→ Küchentrick) Pellen und in Scheiben schneiden.

2 Um die Makkaroni zu kochen, stellst du im großen Topf kaltes Wasser mit einem Esslöffel Salz auf. Bring das Wasser auf höchste Stufe zum Kochen. Dann schaltest du den Herd auf mittlere Stufe herunter, gibst die Makkaroni in das Wasser und kochst sie so lange, wie es auf der Packung steht. Das dauert etwa 12 bis 14 Minuten. Damit du sie nicht vergisst, stellst du am besten einen Küchenwecker.

3 Während die Makkaroni kochen, gibst du das Öl in eine Pfanne und brätst die Kartoffelscheiben darin bei mittlerer Hitze an. Würze sie mit 1 gestrichenen Teelöffel Salz und 3 bis 4 Umdrehungen aus der Pfeffermühle und gib etwa ¼ von der Butter dazu.

4 In der restlichen Butter brätst du das Dörrfleisch bei mittlerer Hitze an. Gib die Weißbrotwürfel (→ Was, wie, warum?) dazu und lasse sie leicht anbräunen. Umrühren nicht vergessen!

5 Jetzt sind die Makkaroni fertig. Schütte sie ab und gib sie in die Schüssel. Die Croûtons mit Dörrfleisch darüber schütten. Die Sahne kurz in der Pfanne erhitzen und über die Makkaroni gießen. Bratkartoffeln und Mirabellen ebenfalls in eine Schüssel geben.

EINKAUFSTIPP:

• *Manchmal werden auch in der feinen Küche Konserven verwendet. In den Rezepten wird bei der Menge immer das Abtropfgewicht angegeben, also das Gewicht von Obst oder Gemüse ohne die Flüssigkeit, in der es schwimmt. Auf den Dosen oder Gläsern findest du zwei Angaben: das Gesamtgewicht und das Abtropfgewicht.*

KÜCHENTRICKS:

• *Wann sind Kartoffeln gar? Meistens brauchen sie ziemlich genau 20 Minuten, um gar zu werden. Das hängt aber auch von der Sorte ab und von der Größe der Stücke. Damit die Kartoffeln alle gleichzeitig gar sind, achte darauf, dass die Stücke möglichst gleich groß sind. Um ganz sicher zu sein, kannst du den Test machen: Stich mit einer Gabel in ein Stück und hebe es aus dem Wasser. Wenn die Gabel ganz leicht einzustecken ist, kannst du die Kartoffeln abschütten.*

• *Pellkartoffeln werden »abgeschreckt«, also mit kaltem Wasser übergossen, damit sie sehr schnell kälter werden. Außerdem löst sich dadurch die Schale leichter.*

RAINER-MARIA HALBEDEL

Halbedel's Gasthaus
Rheinallee 47
53173 Bonn-Bad Godesberg

BANDNUDELN MIT GESCHMOLZENEN TOMATEN

Nudeln kommen aus der Tüte, meinst du? Mach sie doch mal selber. Rainer-Maria Halbedel hat beschrieben, wie das geht.

SO MACHST DU DIE NUDELN:

1 Auf eine Arbeitsfläche schüttest du das Mehl auf einen Haufen und mischst das Salz unter.

2 Oben in der Mitte des Mehlhaufens machst du eine Mulde. Dahinein kommen die Eier: Du schlägst die Schalen nacheinander mit einer Gabel entzwei und lässt die Eier direkt in die Mulde gleiten.

3 Auf die Eier wird das Olivenöl gegossen.

4 Vermische alle Zutaten leicht mit den Fingern. Jetzt alles von außen nach innen einarbeiten. Das heißt, du verknetest die Zutaten und fängst dabei außen beim Mehl an. Wahrscheinlich rutscht dabei der Mehlhaufen etwas auseinander. Macht nichts: Schieb ihn einfach zusammen und knete weiter immer von außen nach innen, bis sich alle Zutaten miteinander verbunden haben. Dann wird der Teig noch einige Minuten kräftig durchgeknetet, bis er einen leichten Ganz bekommt und sich von der Arbeitsfläche löst.

5 Anschließend muss er 30 Minuten ruhen. Stell ihn in einer Schüssel zur Seite, am besten an einen kühlen Ort. Danach rollst du ihn dünn aus, klappst ihn zusammen und schneidest ihn in Streifen. Achtung! Während der Teig ruht, kannst du schon die Tomaten abziehen und zerkleinern.

6 In dem großen Topf machst du Wasser heiß mit einem Esslöffel Salz und zwei Esslöffeln Öl. Wenn es kocht, gibst du die Teigstreifen hinein und kochst sie 8 bis 10 Minuten. Schütte sie in ein Sieb und lass sie abtropfen. Während die Nudeln gar werden, kannst du die Tomaten schmelzen.

DAS BRAUCHST DU FÜR 6 KINDER:

500 Gramm Mehl, 1 Teelöffel Salz, 5 mittelgroße Eier (→ Einkaufstipp S. 81), 2 Teelöffel Olivenöl, 12 Freilandtomaten, 80 Gramm Butter, 1 Knoblauchzehe, 8 Basilikumblätter, Thymian, Salz, Pfeffer

UND AUSSERDEM:

1 Teigrolle, 1 großer Topf, 1 Schüssel, 1 Küchensieb, 1 Knoblauchpresse, 1 große Pfanne

AUF ZUM TOMATENSCHMELZEN!

1 Zuerst enthäutest du die Tomaten (→ Küchentrick) und teilst sie in vier Stücke. Das Kerngehäuse entfernst du mit einem kleinen Löffel oder mit den Fingern.

2 In der Pfanne erhitzt du die Butter. Sie muss brutzeln, darf aber nicht braun werden. Wenn du den Herd auf mittlere Hitze einstellst, geht das ganz gut. Du gibst die Tomatenviertel in die Butter und brätst sie darin. Sie lösen sich dabei langsam auf, schmelzen also. Nach wenigen Minuten sind noch kleine Tomatenstückchen zu sehen. Dann sind sie fertig.

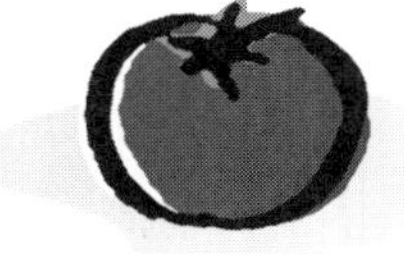

3 Nimm die Tomaten von der heißen Herdplatte und würze sie mit einem gestrichenen Teelöffel Salz, Pfeffer aus der Pfeffermühle, einer Knoblauchzehe, die du durch die Knoblauchpresse drückst, und etwas Thymian. Darüber schneidest du mit einer Küchenschere das Basilikum.

4 Die Nudeln auf einem tiefen Teller anrichten. Die geschmolzenen Tomaten darüber geben. Wenn du magst, kannst du etwas Parmesan darüber reiben.

KÜCHENTRICKS:

• Die Tomatenhaut lässt sich ganz leicht abziehen, wenn du es so machst: Lege die Tomaten in eine Schüssel und gieße so viel kochendes Wasser darüber, dass sie bedeckt sind. Lass sie kurze Zeit – ungefähr eine Minute – darin liegen. Dann schüttest

du sie in ein Sieb und lässt kaltes Wasser darüber laufen. Jetzt kannst du die Tomaten mit einer Gabel aufspießen und mit einem Küchenmesser die Haut abziehen.

• Wenn du wenig Zeit hast, kannst du das Rezept auch mit fertigen Nudeln zubereiten. Die selbst gemachten sind aber viel leckerer.

EINKAUFSTIPP:

• Tomaten kannst du das ganze Jahr über kaufen. Aber am besten schmecken Freilandtomaten, das heißt Tomaten, die nicht im Treibhaus, sondern in der Sonne gereift sind. Die gibt es nur von Juli bis Oktober. Je mehr Sonne sie bekommen haben, desto leckerer sind sie. Deshalb kaufst du am besten Tomaten, die in Deutschland gewachsen sind. Die kommen direkt aus dem Garten auf den Markt. Tomaten aus anderen Ländern werden geerntet, wenn sie noch nicht ganz reif sind. Beim Transport nach Deutschland werden sie dann auch reif – aber ohne Sonne.

DAS KANNST DU AUCH MACHEN:

Im Sommer kannst du auch mal eine kalte Tomatensoße zu den Nudeln essen. Dazu brauchst du 500 Gramm Tomaten. Sie werden gehäutet, so wie es oben beschrieben ist, entkernt und gewürfelt. Schütte die Würfel zuerst in ein Sieb und lass sie 10 Minuten abtropfen. Dann gibst du sie in ein hohes Plastikgefäß, würzt sie mit einem Teelöffel Salz (abschmecken!) und pürierst sie. Das geht mit dem Schneidstab des Handrührgeräts. Zum Schluss fügst du 3 Esslöffel Olivenöl hinzu, frisch gemahlenen Pfeffer, ein paar Blättchen frischen Basilikum und einen halben Teelöffel getrocknetes Oregano.

HEINZ WINKLER

Restaurant Winkler
Kirchplatz 1
83229 Aschau im Chiemgau

GNOCCHI MIT BASILIKUMSOSSE UND TOMATENWÜRFELN

Gnocchi hast du vielleicht schon mal beim Italiener gegessen. In Zukunft kannst du sie selber machen, und zwar mit einer tollen Soße. Am besten kocht ihr das Essen zu zweit. Einer macht die Gnocchi und einer die Soße und die Garnitur.

SO MACHST DU DIE GNOCCHI:

1 Schäle die Kartoffeln und koche sie in Salzwasser gar. (→ Küchentrick S. 55) Nach 10 Minuten stellst du den Backofen auf 100 °C ein.

2 Nach etwa 20 Minuten sind die Kartoffeln gar. Schütte das Wasser vorsichtig ab (→ Sicherheit S. 55) und zerkleinere sie grob mit dem Kartoffelstampfer oder auch einfach mit einer Gabel. Für ein paar Minuten stellst du den Topf ohne Deckel in den heißen Backofen, damit die Kartoffeln ausdämpfen können. (→ Was, wie, warum?)

3 Drücke sie jetzt durch die Kartoffelpresse und vermische sie mit allen Zutaten. Zum Schluss stäubst du die Kartoffelstärke darüber und mischst sie unter den Teig.

4 In dem großen Topf bringst du das Salzwasser zum Kochen.

5 In der Zwischenzeit formst du aus der Kartoffelmasse eine Rolle von etwa 2,5 Zentimeter Durchmesser und schneidest sie in 1 Zentimeter große Gnocchi. Mit den Händen etwas formen und vorsichtig in das kochende Salzwasser gleiten lassen. Achtung, kochendes Wasser!

6 Du lässt die Gnocchi ungefähr 2 Minuten ziehen. Sie sind fertig, sobald sie an der Oberfläche schwimmen. Hebe sie mit dem Schaumlöffel aus dem Wasser und lege sie auf ein sauberes Küchentuch zum Abtropfen.

UND SO DIE BASILIKUMSOSSE:

1 Schäle die Schalotte, wasche sie ab, damit auch die letzten Schalenreste entfernt sind, und schneide sie in kleine Würfel. Zusammen mit dem Gemüsefond wird die Schalotte kurz aufgekocht.

2 Jetzt gießt du den Fischfond dazu und kochst alles so lange weiter, bis nur noch ein Viertel der Flüssigkeit übrig ist. Reduzieren nennt man das. (→ Küchentrick)

3 Gib die Crème double und die Butter dazu und lass deine Soße 10 Minuten weiterköcheln. (→ Was, wie, warum? S. 41) In dieser Zeit kannst du die Tomaten-Garnitur vorbereiten.

4 Streiche die Soße mit einem Löffel durch das Sieb. Dann schlägst du sie im Mixer oder auch mit dem Handmixer oder dem Schneebesen kräftig auf. Schmecke sie mit Salz und Weißweinessig ab und gib die Basilikumblätter dazu.

JETZT NOCH DIE TOMATEN-GARNITUR:

1 Du enthäutest die Tomaten (→ Küchentrick S. 58), entkernst sie und schneidest sie in Würfel.

2 Die Butter wird im kleinen Topf geschmolzen und die Tomaten darin gut verkocht. Mit Salz abschmecken.

3 Die Soße auf tiefe Teller verteilen, die Gnocchis darauf anrichten und mit den Tomaten und frisch geriebenem Parmesan (→ Einkaufstipp S. 77) garnieren.

DAS KANNST DU AUCH MACHEN:

Wenn du einmal keine Basilikumsoße machen möchtest, kannst du die Gnocchi auch sehr einfach zubereiten. Reibe 50 Gramm Parmesan fein. Gib 2 Esslöffel Butter in einen Topf und lass sie zuerst schmelzen und dann braun werden. Gieße die braune Butter über die Gnocchi und bestreue sie mit Parmesan. Dazu schmeckt ein Salat.

KÜCHENTRICK:

• Mit bloßem Auge kannst du nicht erkennen, wann sich die Flüssigkeit im Topf auf ein Viertel verringert hat. Ein Holzstäbchen kann dir dabei helfen. Halte es senkrecht in die Flüssigkeit. Markiere mit einem Kugelschreiberstrich die Stelle, bis zu der die Nässe geht. Wisch das Stäbchen trocken. Mit deinem Lineal misst du die Strecke aus und errechnest, wie viel ein Viertel davon ist. Diese Stelle markierst du ebenfalls. Während die Flüssigkeit langsam verkocht, prüfst du immer wieder mit dem Stäbchen nach, wie viel noch übrig ist.

EINKAUFSTIPP:

• Mehlige Kartoffeln gibt es leider in vielen Supermärkten nicht zu kaufen. Du bekommst sie auf dem Markt oder in einem Gemüsegeschäft. Wenn du keine mehligen Kartoffeln bekommen kannst, dann kaufe vorwiegend fest kochende. Die lässt du dann fünf Minuten länger kochen.

FRANZ RANEBURGER

Remise im Schloss Glienicke
Königstr. 36
14109 Berlin-Wannsee

PILZ-KRÄUTER-KUCHEN

Wenn du im Herbst durch den Wald gehst, dann duftet es dort manchmal wunderbar nach Pilzen. Genauso gut duftet dieser Kuchen. 

SO WIRD ES GEMACHT:

1 Schäle die Zwiebeln und schneide sie in feine, kleine Würfel. (→ Küchentrick S. 38) Die Kräuter fein hacken.

2 Wasche die Pfifferlinge sehr gründlich unter fließendem Wasser. Entferne alle matschigen und dunklen Stellen und schneide die Pilze ebenfalls klein.

3 In der Pfanne lässt du das Öl heiß werden. Darin brätst du die Pfifferlinge so lange, bis keine Flüssigkeit mehr austritt. (→ Was, wie, warum?)

4 Jetzt gibst du die Zwiebelwürfel dazu und lässt sie braten, bis sie goldgelb geröstet sind. Rühren! Anschließend die gehackten Kräuter darüber streuen und mit Pfeffer und Salz würzen. Jetzt stellst du die Pfanne auf ein Holzbrett, damit die Pilzmischung abkühlen kann.

5 Der Backofen muss vorgeheizt werden, damit er die richtige Temperatur hat, wenn der Kuchen hineingeschoben wird. Stelle ihn jetzt schon auf 220 °C ein.

6 Während die Pfifferling-Zwiebel-Mischung auskühlt, rollst du den Blätterteig ganz dünn aus und legst die Form damit aus. Der Blätterteig sollte dazu ganz aufgetaut sein. Den Teigboden mit der Gabel mehrmals einstechen. Die Pfifferling-Zwiebel-Mischung ist inzwischen abgekühlt. Schütte sie in die Form und verteile sie.

7 Die Sahne gibst du in eine Schüssel. Dahinein schlägst du vorsichtig die Eier und mixt beides mit einer Gabel zusammen. Die Mischung würzt du mit einem Teelöffel Salz, Pfeffer aus der Pfeffermühle, einer Messerspitze Muskat und schüttest sie in die Form.

8 Zum Schluss wird der Kuchen auf der mittleren Schiene im Backofen etwa 15 Minuten lang gebacken. (→ Sicherheit) Danach löst du den Pilz-Kräuter-Kuchen vorsichtig aus der Form. (→ Küchentrick) Sofort servieren und genießen!

KÜCHENTRICK:

• *Damit der Kuchen nicht in der Form hängen bleibt, löst du ihn, bevor du die Form entfernst, mit einem Messer vorsichtig vom Rand der Springform ab.*

EINKAUFSTIPP:

• *Frische Pfifferlinge gibt es nur von Juni bis August. In den anderen Monaten kann man den Kuchen auch gut mit Champignons machen. Wenn er trotzdem nach Pfifferlingen schmecken soll, gibst du ein Päckchen getrocknete Pfifferlinge dazu. Die müssen vor dem Backen allerdings 1 Stunde in etwas Wasser eingeweicht werden.*

DAS KANNST DU AUCH MACHEN:

Mit Pilzen kann man eine Menge leckerer Dinge kochen. Ganz einfach lassen sie sich zum Beispiel wie in Frankreich nach Art der Provence zubereiten. Ob man für dieses Rezept Pfifferlinge oder Champignons nimmt, ist egal. Pro Person solltest du 150 Gramm Pilze rechnen. Die Pilze wäschst du und schneidest sie in Stücke. In einer Pfanne erhitzt du bei mittlerer Hitze 2 Esslöffel Olivenöl. Dahinein kommen die Pilze. Dazu gibst du pro Person eine halbe gepresste Knoblauchzehe, einen Esslöffel Tiefkühl-Kräuter der Provence und etwas Salz und Pfeffer. Achtung: Keine getrockneten Kräuter nehmen! Zum Schluss träufelst du noch etwas Zitronensaft darüber. Am besten schmecken die provençalischen Pilze, wenn man sie mit frischem Baguettebrot serviert.

ALFONS
SCHUHBECK

Kurhausstüberl
Am See 1
83329 Waging am See

KARTOFFELPIZZA

Pizza kann man nicht nur aus Mehl machen. Auch eine Kartoffelpizza schmeckt sehr gut. Du darfst nur den Kartoffelteig nicht in die Luft werfen, wie es die italienischen Köche mit dem Mehlteig machen. Das übersteht er nämlich nicht.

SO WIRD ES GEMACHT:

1 Wasche die Kartoffeln und lass sie in leicht gesalzenem Wasser in 20 bis 30 Minuten gar kochen. (→ Küchentrick S. 55) 1 Teelöffel Salz ist gerade richtig.

2 Die fertigen Kartoffeln schüttest du in ein Sieb, das du in den Ausguss gestellt hast, lässt sie abtropfen und pellst sie, solange sie noch warm sind.

3 Nun werden die Kartoffeln durch eine Kartoffelpresse gedrückt (→ Küchentrick) und mit Mehl, Parmesan, Olivenöl, einer Prise Salz und etwas Pfeffer zu einem glatten Teig geknetet.

4 Pinsele ein Backblech mit Öl ein und heize den Backofen auf 200 °C vor.

5 Den Kartoffelteig teilst du in 4 Stücke. Auf deine Arbeitsfläche streust du etwas Mehl und auch die Küchenrolle reibst du mit Mehl ein. Damit rollst du jedes der 4 Stücke zu einem runden Pizzaboden. Drücke die Ränder etwas hoch, damit der Belag hinterher nicht ausläuft und die Pizza saftig bleibt.

6 Vorsichtig legst du die Stücke mit dem Pfannenwender auf ein Blech, bestreichst sie mit Olivenöl, bestreust sie mit Oregano und verteilst das Tomatenpüree darauf.

7 Die Basilikumblätter zupfst du von den Stielen und schneidest sie in Streifen. Streue sie auf das Tomatenpüree und leg die Salamischeiben darauf.

8 Wasche die Paprikaschote und teile sie längs mittendurch. Dann entfernst du den Strunk und die Kerne, schneidest die Hälfte in Streifen und die Streifen in kleine Würfel. Du verteilst sie zusammen mit den Kapern und den schwarzen Oliven auf der Salami.

9 Den Mozzarella in Scheiben schneiden und darüber legen. Bei etwa 200 °C etwa 20 Minuten backen, bis der Boden unten leicht gebräunt ist.

KÜCHENTRICKS:

• Wenn du keine Kartoffelpresse hast, kannst du die gekochten Kartoffeln auch mit dem Stampfer oder notfalls mit dem Schneebesen zerkleinern. Nicht mit dem Mixer pürieren! Der Brei wird sonst zäh.

• Die Pizzas können auseinander brechen, wenn du sie vom Backblech hebst. Nicht schlimm, es schmeckt auch so. Beim nächsten Mal kannst du 8 kleine statt 4 großer Pizzas formen.

EINKAUFSTIPPS:

• Stückiges Tomatenpüree, also Tomatenpüree mit Stücken, bekommst du in Supermärkten. Manchmal steht es da, wo die Nudeln sind, manchmal bei den Gemüsekonserven.

• Paprikaschoten gibt es in vielen Farben: Rot, Gelb, Grün oder sogar Grünschwarz und Orange. Die roten sind am reifsten und schmecken deshalb besonders aromatisch. Achte beim Einkaufen darauf, dass die Paprikaschoten eine glatte, pralle Haut ohne Runzeln haben. Sie dürfen also nicht verschrumpelt aussehen. Sonst sind sie nämlich alt.

HANS STEFAN STEINHEUER

Steinheuers Restaurant »Zur alten Post«
Landskroner Str. 110
53474 Bad Neuenahr-Heppingen

ZANDER AUF BASILIKUMRISOTTO MIT GESCHMORTEN STRAUCHTOMATEN

Manche Leute glauben, alle Fische sind viereckig und paniert. Einer sieht genauso aus und schmeckt genauso wie der andere. Natürlich stimmt das nicht. Sardinen zum Beispiel sind so klein, dass man sie in einem Bissen essen kann, Thunfische so groß, dass man nach einem kleinen Teil schon satt ist. Fische können zart schmecken wie Seezunge oder kräftig wie Aal. Zander ist weiß, zart und saftig. Und schmeckt wunderbar! Bei diesem Gericht kannst du eine kleine Schwester (oder Bruder) gut gebrauchen. Die rühren den Reis, während du den Fisch zubereitest.

SO MACHST DU DAS BASILIKUMRISOTTO:

1 Zuerst stellst du die Basilikumpaste her. Dazu wäschst du das Basilikum und zupfst die Blätter ab.

2 Reib den Parmesankäse.

70

3 Gib die Basilikumblätter zusammen mit der Hälfte des Parmesans, den Pinienkernen, dem Meersalz und dem Olivenöl in einen Mörser und zerstampfe alles zu einem feinen Püree.

4 Jetzt machst du den Risottoreis. Zur Vorbereitung schälst du die Schalotte und die Knoblauchzehe. Die Schalotte schneidest du in kleine Würfel.

5 Das Olivenöl lässt du im Topf heiß werden. Gib die Schalottenwürfel und die geschälte ganze Knoblauchzehe dazu und schwitze sie etwas an. (→ Was, wie, warum?)

6 Schütte den Risottoreis dazu und lasse ihn etwa 1 Minute lang bei mittlerer Hitze andünsten, bis er aussieht wie Fensterscheiben aus undurchsichtigem Glas.

7 Nun werden die Gemüsebrühe und die Hälfte der Geflügelbrühe dazugegeben. So lange unter Rühren weiterkochen, bis der Reis die Flüssigkeit ganz aufgesogen hat.

8 Nach und nach wird die andere Hälfte der Geflügelbrühe zugegeben. Insgesamt muss der Risottoreis etwa 17 bis 20 Minuten kochen. Dabei wird ständig weitergerührt. Probier mal: Der Reis ist genau richtig, wenn er außen weich ist und in-

nen noch leichten Biss hat. Das bedeutet, dass die Zähne beim Beißen einen kleinen Widerstand überwinden müssen.

9 Die Knoblauchzehe herausnehmen. Die Basilikumpaste und der restliche Parmesan werden untergehoben. Probiere das Risotto, vielleicht musst du noch ein wenig nachsalzen.

UND SO MACHST DU DEN FISCH:

1 Heiz den Backofen auf 250 °C vor.

2 Die Strauchtomaten schneidest du in 8 Teile, bestreust sie mit Meersalz und weißem Pfeffer und begießt sie mit ⅔ des Olivenöls.

3 Lege sie in eine feuerfeste Form und schiebe sie – mit Kochhandschuhen! – in den vorgeheizten Backofen. Lass sie dort etwa 8 Minuten schmoren.

4 Die Zanderfilets mit Salz und Pfeffer würzen.

5 Das restliche Olivenöl erhitzt du in der Pfanne bei mittlerer Hitze (Stufe 2) und brätst darin die Zanderfilets erst auf der Fleischseite etwa 4 Minuten an. Vorsicht, Fett spritzt!

6 Dann gibst du den Thymianzweig, den Rosmarinzweig, das Lorbeerblatt und die Knoblauchzehen mit in die Pfanne. Wende die Fische vorsichtig mit dem Pfannenwender und brate sie auf der Hautseite fertig, sodass die Haut knusprig wird. Das dauert noch einmal ungefähr 4 Minuten.

7 Zum Schluss richtest du die Fischfilets mit dem Basilikumrisotto und den geschmorten Strauchtomaten auf einem vorgewärmten Teller an.

EINKAUFSTIPP:

• Wenn du Zander braten willst, sagst du am besten am Tag vorher im Fischgeschäft Bescheid. Dann wird er für dich bestellt. Du musst genau sagen, wie du den Zander wünschst: mit Haut!

• Auch andere Lebensmittel, zum Beispiel Kräuter, sind nicht immer vorrätig. Wenn du sie rechtzeitig bestellst (die Kräuter im Gemüseladen), dann werden sie auf dem Großmarkt oder beim Bauern besorgt.

DAS KANNST DU AUCH MACHEN:

Frischen Thymian und Rosmarin kannst du oft nur im Topf kaufen. Wenn du die Kräuter regelmäßig gießt oder – noch besser – in den Garten pflanzt, dann halten sie sehr lange. Du kannst immer wieder einen Zweig abschneiden und beim Kochen verwenden, zum Beispiel für Tomatensoße.

WAS, WIE, WARUM?

Anschwitzen bedeutet ganz wenig und vorsichtig anbraten. Die Farbe der Lebensmittel, die angeschwitzt werden, darf sich nicht verändern. Deshalb sind beim Anschwitzen keine hohen Temperaturen erlaubt.

ANDRÉ GREUL

Restaurant im Romantik-Hotel Fürstenhof
Stethaimer Str. 3
84034 Landshut

SPINAT-TOPFEN-NOCKERLN MIT KAROTTEN-BASILIKUM-GEMÜSE

»Das Auge isst mit«, heißt ein altes Sprichwort. Es bedeutet: Wenn etwas schön aussieht, schmeckt es noch mal so gut. Bei diesem rot-grünen Essen ist das sicherlich der Fall.
Am einfachsten kochst du es zusammen mit einem Freund oder einer Freundin. Einer kann die Spinat-Topfen-Nockerln (→ Was, wie, warum?), der andere das Karotten-Basilikum-Gemüse herstellen. Mit guter Planung schaffst du es aber auch allein. Auf der nächsten Seite steht, wie das geht.

SO MACHST DU SPINAT-TOPFEN-NOCKERLN MIT KAROTTEN-BASILIKUM-GEMÜSE:

1 Zuerst reibst du die Karotten auf der Rohkostreibe in lange Streifen. Stell sie beiseite.

2 Den Parmesankäse (→ Einkaufstipp) brauchst du zwar erst später. Dann hast du aber wenig Zeit, deshalb reibst du ihn besser jetzt schon. Auch die Basilikumblättchen kannst du jetzt schon hacken.

3 Der Spinat muss geputzt werden. Das heißt, du schneidest die dicken Stiele ab und sortierst alle Blättchen aus, die gelb und welk sind. Die Spinatblättchen legst du in ein Sieb und wäschst sie unter fließendem Wasser. Fülle einen mittelgroßen Topf halb voll mit Wasser und bringe es auf dem Herd zum Kochen. Das kochende Wasser gießt du über den Spinat. (Sicherheit) Das nennt man blanchieren oder brühen. (→ Was, wie, warum?) Jetzt lässt du den Spinat etwas abkühlen und drückst ihn dann mit den Händen gut aus. Er muss trocken sein, sonst fällt die Nockerln-Masse später im heißen Wasser auseinander. Lege den Spinat – er sieht jetzt etwas matschig aus – auf das Brett und hacke ihn mit dem Küchenmesser fein.

4 In einer Schüssel mischst du den Quark mit dem Ei, dem geriebenen Weißbrot und der Stärke. Gib den Spinat dazu. Mit einer Teelöffelspitze Salz, 4 Umdrehungen aus der Pfeffermühle und 1 Prise Muskat würzen.

DAS BRAUCHST DU FÜR 4 KINDER:

Für die Spinat-Topfen-Nockerln:
150 Gramm Quark,
100 Gramm Spinat, 1 Ei,
15 Gramm geriebenes, trockenes Weißbrot (→ Küchentrick), 10 Gramm Stärke,
Salz, Pfeffer, Muskat,
30 Gramm Parmesankäse

Für das Karotten-Basilikum-Gemüse:
3 große, geschälte Karotten,
10 Blatt Basilikum, 4 Esslöffel geschlagene Sahne,
Butter, Salz, Zucker,
¹/₂ Tasse Mineralwasser

5 Lass die Butter bei mittlerer Hitze in einem Topf zergehen und gib die geriebenen Karotten dazu. Das Mineralwasser dazugießen, mit je einer Prise Salz und Zucker würzen und langsam dünsten. (→ Was, wie, warum? S. 41) Damit das wirklich langsam geht, schaltest du den Herd auf Stufe 1 zurück. Schau auf die Uhr: Die Karotten brauchen etwa 15 Minuten, um gar zu werden. (→ Küchentrick)

6 Einen anderen Topf füllst du etwa ¾ voll mit Wasser, gibst einen Teelöffel Salz dazu und erhitzt es auf dem Herd. Wenn es kocht, schaltest du den Herd auf Stufe 1 herunter. Dann formst du aus der Spinatmasse mit 2 Löffeln Nockerln und garst sie in dem Wasser. (→ Küchentrick)

7 Während die Nockerln und die Karotten garen, zerlässt du im dritten Topf die Butter, das heißt, du lässt sie auf Stufe 1 langsam schmelzen. Außerdem schlägst du die Sahne steif.

8 Jetzt müssten die Kartotten gar sein. Gib die Hälfte vom gehackten Basilikum und die geschlagene Sahne dazu. Noch kurz aufkochen lassen und gleich in einen tiefen Teller (oder in eine Schüssel) schütten.

9 Nach 10 Minuten sind die Nockerln fertig. Nimm sie mit dem Schaumlöffel heraus, lege sie in die zerlassene Butter und schwenke den Topf vorsichtig hin und her. Bestreue die Nockerln mit Parmesan und lege sie auf das Karottengemüse.

DAS KANNST DU AUCH MACHEN:

Die Spinat-Topfen-Masse ist sehr vielseitig verwendbar. Sie eignet sich zum Beispiel auch zum Braten als kleine Hamburger.

EINKAUFSTIPP:

Parmesankäse kannst du fertig gerieben im Tütchen kaufen. Mach's besser nicht! An der Käsetheke gibt es Parmesankäse in Stücken. Den musst du zwar selbst reiben. Er schmeckt aber viel besser. Wahrscheinlich fragt die Verkäuferin dich, ob du alten oder jungen Käse möchtest: Der alte Parmesan ist etwas teurer. Er schmeckt außerdem kräftiger. Der junge schmeckt milder und lässt sich einfacher reiben. Probier zum Vergleich einmal von jeder Sorte ein Stückchen.

KÜCHENTRICKS:

Du kannst dir die Arbeit sparen, selbst trockenes Weißbrot zu reiben. Mit fertig gekauften Semmelbröseln (sie heißen auch Paniermehl) gelingt das Gericht genauso gut.

Auch wenn du genau weißt, dass die Karotten 15 Minuten brauchen, um gar zu werden, vergisst du vielleicht auf die Uhr zu schauen. Da hilft entweder ein Küchenwecker oder ein ganz normaler Wecker, den du so einstellst, dass er nach der richtigen Zeit klingelt.

Damit dir die Nockerln gelingen, gib zuerst ein Probe-Nockerl ins Wasser. Wenn es auseinander fällt, kannst du die Nockerlnmasse mit etwas mehr Semmelbröseln fester machen.

WAS, WIE, WARUM?

Nockerln heißen manchmal auch Nocken oder Gnocchi. Immer sind es kleine Klöße, manchmal aus Grieß oder Kartoffeln oder wie hier aus Quark und Spinat. Sie werden mit einem Löffel aus der Masse gestochen und mit dem zweiten Löffel geformt.

Blanchieren oder brühen bedeutet, etwas mit kochendem Wasser zu übergießen oder kurz in kochendes Wasser zu tauchen, bevor es weiterverarbeitet wird. Das wird aus verschiedenen Gründen gemacht. Spinat wird blanchiert, weil er dann schön grün bleibt. Außerdem verliert er dadurch Nitrat. Das ist ein ungesunder Bestandteil von Spinat.

HINTERHER

JEAN-CLAUDE BOURGUEIL

Im Schiffchen
Kaiserswerther Markt 9
40489 Düsseldorf-Kaiserswerth

WARMER KÄSEKUCHEN-AUFLAUF

Ein sättigender, köstlicher Nachtisch für ganz besondere Tage, den man nicht zum Kaffee isst.

SO WIRD ES GEMACHT:

1 Stell den Backofen auf 180 °C ein.

2 Trenne die Eier. (Küchentrick) Die Eigelb gibst du in eine Backschüssel, die Eiweiß in ein hohes Plastikgefäß, in dem du sie schlagen kannst. (Sicherheit)

3 Zu den Eigelb gibst du 100 Gramm Zucker und schlägst beides mit den Quirlen des Handmixers so lange, bis es sich zu einer hellen, cremigen Masse verbunden hat.

4 Den Quark und die Zitronenschale vorsichtig unterrühren.

5 Jetzt schlägst du die Eiweiß mit 30 Gramm Zucker zu festem Schnee. (Was, wie, warum?) Wenn du den Handmixer benutzt: Nicht zu hoch einstellen, sondern die mittlere Stufe wählen.

6 Den Eischnee hebst du vorsichtig unter die Quark-Eigelb-Masse.

7 Vier Förmchen pinselst du mit Butter aus. Dann gibst du nacheinander in jedes einen Teelöffel Zucker und schwenkst ihn vorsichtig herum, bis der Zucker als dünne Schicht auf der Butter klebt. Das machst du am besten über der Spüle. Es fällt immer etwas Zucker runter. Außerdem musst du den Zucker, der übrig ist, also nicht kleben bleibt, wegkippen.

8 In die Förmchen gibst du die Quark-Eier-Masse, stellst sie auf ein Backblech und bäckst sie etwa 15 Minuten auf der mittleren Schiene des Backofens. Wenn der Käsekuchen-Auflauf fertig ist, muss er sofort serviert werden. Vergiss beim Rausholen die Handschuhe nicht!

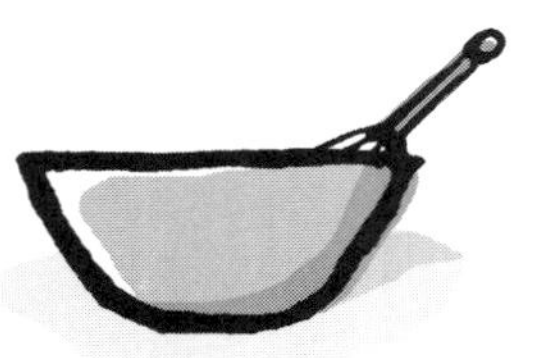

KÜCHENTRICKS:

• *Ob Eier frisch sind, kannst du hören. Halte ein Ei an dein Ohr und schüttle es leicht. Hörst du ein dumpfes Geräusch? Dann ist das Ei zu alt. Frische Eier geben keinen Laut von sich.*

• *Eier trennen muss geübt werden. Profis machen das ganz elegant. Sie schlagen die Eier an einer scharfen Tassenkante oder mit einem Messer auf, brechen vorsichtig die*

Schale in zwei Teile und lassen den Inhalt über einer Schüssel von einer Hälfte in die andere gleiten. Dabei tropft das Eiweiß in die Schüssel. Bei Anfängern geht das schon mal schief, das heißt, es fließt auch Eigelb in die Schüssel. Dann wird der Eischnee nur sehr schlecht fest. Deshalb übst du das Eiertrennen am besten bei Gerichten, bei denen sich Eigelb und Eiweiß vermischen dürfen. Zum Beispiel, wenn du Pfannkuchen bäckst.

EINKAUFSTIPP:

• Frische Eier schmecken besser. Schau dir die Schachtel an. »Mind. haltbar bis« steht darauf und darunter ein Datum. Wenn das schon vorbei ist, dann lass die Eier stehen. Oder noch besser: Sag den Verkäufern, sie sollen sie wegräumen.

• Alle Eier sehen gleich aus. Alle Hühner nicht. Manche laufen im Freien herum, scharren im Boden und gackeln. Wahrscheinlich geht's ihnen gut. Andere werden in Käfigen so zusammengestopft, dass sie nichts anderes tun können als Eier legen. Ganz sicher geht's ihnen schlecht. Wie die Hühner gehalten werden, siehst du auf der Schachtel: Freiland-Eier kommen von frei laufenden Hühnern. Bodenhaltung: Die Hühner müssen sehr eng auf dem Boden zusammenhocken. Steht gar nichts drauf, dann stammen die Eier von Käfig-Hühnern.

Wenn du Eier getrennt hast, musst du die Schalen wegwerfen und dir gründlich die Hände waschen. Manchmal sitzen auf den Schalen Salmonellen. Das sind winzige Tiere, die Bauchschmerzen machen können. Keine Angst: Mit Wasser und Seife werden sie unschädlich gemacht.

WAS, WIE, WARUM?

Wann ist Eischnee fest? Das kannst du feststellen, wenn du dir von Zeit zu Zeit den Schneebesen anschaust (Gerät vorher ausstellen!). Wenn der Schnee haften bleibt, nicht wegrutscht und oben aussieht, als ob eine Locke in die Höhe steht, dann ist er fertig.

JÖRG MÜLLER

Restaurant Jörg Müller
Süderstr. 8
25980 Westerland/Sylt

OBSTPFANNKUCHEN

Wenn du einmal für dich alleine kochst, kannst du dir diesen leckeren Pfannkuchen machen. Er ist einfach herzustellen und gelingt immer.

SO WIRD ES GEMACHT:

1 Zuerst den Backofen auf 190 °C vorheizen.

2 Dann gibst du Mehl, Ei, Zucker und Milch in eine kleine Schüssel und verrührst sie kräftig mit dem Schneebesen.

3 Den Apfel schälst du, teilst ihn in 4 Stücke und entfernst das Kernhaus. Die Apfelstücke in dünne Scheiben schneiden. Wenn du anderes Obst nimmst, musst du es gut waschen und abtropfen lassen. Kirschen musst du außerdem entkernen. (→ Küchentrick) Sonst bekommst du Spuckpfannkuchen.

4 In einer Teflonpfanne erhitzt du Butter oder Margarine. Vor allem Butter darfst du nicht heiß werden lassen, weil sie sonst verbrennt. Besser ist es, sie langsam bei mittlerer Temperatur zu erhitzen.

5 Rühr den Pfannkuchenteig noch einmal um und gib ihn in die Pfanne.

6 Wenn der Teig unten schon fest, oben aber noch weich ist, gibst du das Obst darauf.

7 Jetzt stellst du die Pfanne in den Backofen und backst den Pfannkuchen goldgelb. Achtung: Die Pfanne muss backofenfest sein!

8 Bestreue ihn mit Zimtzucker und serviere ihn dir selbst.

KÜCHENTRICKS:

• *Um die Kirschen zu entkernen, brauchst du eine geschlossene Sicherheitsnadel. Wasche die Kirschen und pflücke die Stiele ab. Mit der unteren Seite der Sicher-*

DAS BRAUCHST DU FÜR 1 KIND:

1 Ei, 2 Esslöffel Mehl,
1 Teelöffel Zucker,
7 Esslöffel Milch, 1 Teelöffel
Butter oder Margarine zum
Anbraten

Für den Belag:
1 kleiner Apfel. Du kannst aber auch andere Früchte wie Blaubeeren, Johannisbeeren oder Kirschen verwenden. Davon brauchst du etwa 2 Esslöffel voll.

Zum Bestreuen:
Zimtzucker oder Vanillezucker

UND AUSSERDEM:

1 kleine Schüssel,
1 Schneebesen,
1 kleine Teflonpfanne

heitsnadel – also nicht mit der Seite, an der sie sich öffnen lässt – stichst du in das Loch, in dem der Stiel gesteckt hat. So lässt sich der Kern leicht herausnehmen. Obst solltest du immer erst waschen und dann zerkleinern. Sonst wäschst du mit dem Wasser viele Vitamine weg.

EINKAUFSTIPP:

• Obst schmeckt am besten, wenn es in der Sonne gereift ist und nicht von weit her aus dem Treibhaus kommt. Dann ist es auch am gesündesten und kostet besonders wenig. Hier ein paar Tipps, welche Früchte du zu jeder Jahreszeit für deinen Pfannkuchen kaufen kannst:
• Im Winter hast du nicht viel Auswahl. Äpfel oder Bananen gibt es aber auch dann.
• Im Frühjahr, vor allem ab Mai, kannst du Erdbeeren und Kirschen kaufen.
• Im Sommer ist Beerenzeit: Brombeeren, Heidelbeeren, Himbeeren, Johannisbeeren, Stachelbeeren. Du hast die Qual der Wahl.
• Im Herbst probierst du deinen Pfannkuchen am besten einmal mit halbierten Trauben oder Birnenstückchen.

DAS KANNST DU AUCH MACHEN:

Pfannkuchen müssen nicht immer süß sein. Streu doch mal klein geschnittene Kräuter auf den Teig, zum Beispiel Schnittlauch oder Petersilie. Oder reib etwas Käse darüber.

DORIS-KATHARINA HESSLER

Restaurant im Hotel Hessler
Am Bootshafen 4
63477 Maintal-Dörnigheim

HIRSE-BANANEN-KUCHEN

Wer kocht bei dir zu Hause, deine Mutter oder dein Vater? In den meisten Familien, die ich kenne, ist es die Mutter. Berühmte Köchinnen gibt es trotzdem viel weniger als berühmte Köche. Doris-Katharina Hessler ist eine davon. Ihre Gerichte schmecken mit wenigen Veränderungen immer wieder anders.

SO WIRD ES GEMACHT:

1 Heiz den Backofen auf 200 °C vor. Rühr die Butter mit einem Mixer schaumig. Füge nacheinander die Eier und den Zucker oder Honig hinzu und schlag alles cremig.

2 Zerdrücke die Bananen mit einer Gabel und gieß etwas Zitronensaft darüber.

3 Gib die Mischung zu den anderen Zutaten.

4 Vermische Mehl und Backpulver miteinander und hebe es vorsichtig mit einem Schneebesen unter die Zutaten. Würze alles mit etwas Ingwer.

5 Füll die Masse in eine gebutterte Kastenform und back den Kuchen etwa 50 Minuten bei 200 °C.

DAS KANNST DU AUCH MACHEN:

Statt Hirsemehl kannst du auch Weizenmehl nehmen. Und an Stelle der Bananen schmecken auch Kakaopulver und gemahlene Nüsse. Den fertigen Kuchen kannst du noch mit Schokolade überziehen. (→ Küchentrick)

KÜCHENTRICK:

• *Um den Kuchen mit Schokolade zu überziehen, musst du nicht selbst eine Kuvertüre – so heißt dieser Überzug – herstellen. Es gibt gute Kuvertüren in den Backregalen der Supermärkte. Bereite sie so zu, wie es auf der Packung beschrieben wird. Mit einem Pfannenmesser – auch Palette genannt – kannst du sie am besten auf den ferti-*

gen Kuchen aufstreichen. Das ist ein großes Messer, das oben nicht spitz, sondern rund ist. Wenn ihr so etwas nicht habt, dann nimm ein großes, nicht gezacktes Messer. Sei vorsichtig, damit du dich nicht schneidest.

EINKAUFSTIPPS:

• Hirsemehl bekommst du im Bio-Laden oder in den Bio-Regalen, die es in vielen Supermärkten gibt.

• Bananen schmecken am besten, wenn sie nicht mehr grün, sondern ganz gelb sind. Sie dürfen kleine dunkle Flecken auf der Schale haben. Das bedeutet, dass sie reif sind. Sie sollten aber nicht über größere Flächen braun aussehen. Dann sind sie überreif und schmecken nicht mehr gut.

WAS, WIE, WARUM?

Hirse ist ein Getreide, das aussieht wie kleine Kügelchen. Du kannst daraus auch einen sehr leckeren Brei kochen. Dazu brauchst du 250 Gramm Hirse (nicht Hirsemehl!). Du wäschst sie und streust sie in einen halben Liter kochendes Wasser. Lass die Hirse einmal aufkochen, stell dann den Herd auf geringe Hitze ein und gare die Hirse 15 bis 20 Minuten lang. Während der Brei abkühlt, schlägst du ein Töpfchen Schlagsahne mit 2 Esslöffeln Honig und ½ Teelöffel Zimt steif. Das rührst du unter den abgekühlten Hirsebrei.

ERNST-ULRICH SCHASSBERGER

Schassbergers Kur- und Sporthotel
Winnender Str. 10
73667 Ebnisee

GRIESSSOUFFLÉ MIT EIS UND BEEREN

Wenn du ausprobieren willst, wie unterschiedlich Grieß-speisen schmecken können, dann mach doch mal einen Test. Kauf dir im Supermarkt ein Töpfchen Fertig-Grießspeise. Dann bereitest du dieses GrießSoufflé. (Was, wie, warum?) Und jetzt beide probieren! Na?

SO WIRD ES GEMACHT:

1 Zur Vorbereitung stellst du die Förmchen in den großen Topf und füllst so viel Wasser hi-nein, dass es etwa halb so hoch steht wie die Förmchen. Nimm die Förmchen heraus und trockne sie ab. Das Wasser lässt du im Topf.

2 Gib die Milch, das Salz, die Hälfte des Zu-ckers und die Vanille in den Topf und bringe sie langsam zum Kochen. (Küchentrick) Das geht am besten bei mittlerer Temperatur.

> ### DAS BRAUCHST DU FÜR 4 KINDER:
>
> *1/8 Liter Milch, 40 Gramm Zucker, 1 Prise Salz, ½ Vanillestange, 50 Gramm Hartweizen-grieß, 10 Gramm Butter, 4 Eier, Butter für die För-chen, Eis und Beeren nach Wahl*

3 Nun den Grieß einstreuen und unter Rühren 10 Minuten köcheln lassen. (→ Was, wie, warum? S. 41; → Küchentrick) Nimm den Topf vom Herd und fische mit einer Gabel die Vanillestange (→ Küchentrick) heraus.

4 Die Eier trennen. (→ Küchentrick S. 80) Eigelb und Butter unter den Grieß rühren. Abkühlen lassen.

5 Den Backofen auf 180 °C vorheizen. Die feuerfesten Förmchen mit dem Pinsel einfetten. Etwas Zucker hineinstreuen und die Förmchen so hin und her drehen, dass der Zucker überall am Boden und an den Wänden klebt.

6 Das Wasser im großen Topf auf dem Herd erhitzen (nicht kochen).

7 Das Eiweiß und den restlichen Zucker mit dem elektrischen Handrührgerät steif schlagen und unter die Grießmasse heben. (→ Küchentrick S. 80)

8 Die Masse in die Förmchen füllen. Die Förmchen vorsichtig (Vergiss die Kochhandschuhe nicht!) in den Topf mit dem heißen Wasser setzen. Den Topf mit den Förmchen auf die mittlere Schiene des Backofens stellen und 20 Minuten garen.

ES WIRD ANGERICHTET:

Das Soufflé auf Teller stürzen, das heißt, du kippst die Förmchen auf die Teller, schüttelst sie vorsichtig und ziehst sie hoch. Jetzt müsste das Soufflé eigentlich rauskommen. Mit Eis und Beeren servieren.

(→ Das kannst du auch machen)

KÜCHENTRICKS:

• *Milch kocht sehr schnell über. Du kannst das verhindern, wenn du knapp unter dem Topfrand mit dem Küchenpinsel und Butter einen Fettrand ziehst.*
• *Bei diesem Rezept bleibt eine halbe Vanillestange übrig. Damit kannst du selbst Vanillezucker herstellen. Schlitze die Stange auf, kratze das Mark heraus und mische es mit 100 Gramm sehr feinem Zucker.*
• *Bei Gasherden kannst du einfach die Temperatur herunterdrehen, wenn etwas nicht mehr kochen, sondern nur noch köcheln soll. Bei Elektroherden dauert es eine Weile, bis die Temperatur sinkt. Deshalb benutzt du zwei Platten. Während die Milch auf der einen Platte zum Kochen gebracht wird, stellst du die zweite Platte schon mal niedriger ein (Stufe 1). Dann muss nur noch der Topf umgestellt werden.*

DAS KANNST DU AUCH MACHEN:

Das Eis kannst du nach deinem Geschmack aussuchen. Was du über Beeren wissen musst, steht auf S. 84.

HARALD WOHLFAHRT

Schwarzwaldstube
Hotel Traube Tonbach
Tonbachstr. 237
72270 Baiersbronn-Tonbach

APFELSCHEIBEN IN BACKTEIG

Es muss nicht immer Kuchen sein! Diese gebackenen Apfelscheiben schmecken besonders gut an kalten Winternachmittagen.

Wenn du noch nie frittiert hast, sollten dir beim ersten Mal deine Eltern helfen.

SO MACHST DU DEN BACKTEIG:

1 Gib das Mehl in eine Schüssel.

2 In der Mitte machst du eine Mulde. (→ Küchentrick) Dahinein kommen eine Prise Salz, die ganzen Eier und die Milch.

3 Verrühre alle diese Zutaten mit dem Kochlöffel, bis der Teig glatt ist.

> ### DAS BRAUCHST DU FÜR 4 KINDER:
>
> *250 Gramm Mehl, Salz, 2 ganze Eier, 300 Milliliter Milch, 50 Milliliter Erdnussöl, 1 Kilo Äpfel, 50 Gramm Staubzucker (auch Puderzucker genannt), Öl, 3 Eiweiß, Zimt*

4 Gieß das Öl dazu und rühr den Teig noch mal gut durch, damit sich alle Zutaten richtig vermischen. Lass ihn dann eine Stunde ruhen. (→ Was, wie, warum?)

SO BEREITEST DU DIE ÄPFEL VOR:

1 Die Äpfel werden geschält, die Kernhäuser mit dem Ausstecher oder mit dem Messer entfernt und die Äpfel in etwa 5 Millimeter dicke Scheiben geschnitten.

2 Schichte sie in eine Schüssel und bestreue sie mit 50 Gramm Staubzucker. Etwa 1 Stunde ziehen lassen.

SO BACKST DU DIE APFELSCHEIBEN:

1 Schlage 3 Eier auf und trenne die Dotter vom Eiweiß. (→ Küchentrick S. 80) Die Eigelb brauchst du für dieses Rezept nicht.

2 Die Eiweiß schlägst du mit dem Handmixer zu Schnee, den du vorsichtig unter den Teig hebst. Das geht am besten, wenn du zuerst einen Esslöffel von dem Schnee in den Teig rührst. Dadurch wird er schon mal schaumiger. Jetzt lässt sich der restliche Schnee leichter unterheben.

3 Erhitze das Öl in der Frittierpfanne. Vorsicht! Das Öl muss heiß sein, es darf aber nicht zu rauchen beginnen.

4 Lass die Apfelscheiben abtropfen, zieh sie durch den Teig und backe sie in der Pfanne zunächst auf der einen Seite 3 Minuten. (→ Sicherheit) Dann drehst du sie mit dem Pfannenwender um und bäckst sie auf der anderen Seite noch einmal drei Minuten.

5 Heb die Scheiben mit einem Schaumlöffel heraus und lass sie über der Pfanne abtropfen. Lege sie dann für wenige Minuten auf ein saugfähiges Papier.

6 Bestreue die gebackenen Apfelscheiben mit Staubzucker und Zimt und serviere sie.

KÜCHENTRICK:

• *Eine schöne, glatte Mulde bekommst du, wenn du eine Kaffeetasse etwa bis zur Hälfte in das Mehl drückst. Die Zutaten, die du in die Mulde geben sollst, kannst du auch vorher schon verrühren.*

DAS KANNST DU AUCH MACHEN:

Mit Äpfeln kannst du sehr viele Gerichte zubereiten. Ganz lecker schmecken gefüllte Bratäpfel. Zuerst musst du mit dem Apfelkernausstecher oder dem Messer den Strunk herausbohren. Leg die Äpfel auf ein Backblech und fülle sie mit verschiedenen Zutaten. Zum Beispiel mit gehackten Nüssen, die du mit Rosinen und braunem Kandis vermischt hast. Oder mit tiefgekühlten Himbeeren. Oder mit Marzipan. Oder mit Aprikosenmarmelade. Schiebe die Äpfel in den Ofen und backe sie bei 200 °C etwa 20 Minuten.

WOLFGANG DUBS

Rôtisserie Dubs

Kirchstr. 6

67550 Worms-Rheindürckheim

ARME RITTER
MIT FRUCHTSCHAUM

»Arme Ritter« (Was, wie, warum?) hat dir deine Mutter oder dein Vater vielleicht schon einmal gemacht. So wie hier schmecken sie besonders fein. Am besten kochst du dieses Gericht zusammen mit einem Freund oder einer Freundin. Einer macht die »Armen Ritter«, einer den Fruchtschaum. Wenn du mal keine Hilfe hast: Die »Armen Ritter« schmecken auch, wenn man sie nur mit Zucker und Zimt bestreut.

SO WERDEN DIE »ARMEN RITTER« GEMACHT:

1 Die Brötchen vierteln oder in Scheiben schneiden. Etwa 5 Minuten in der Milch (Schüssel) einweichen. Während sie weichen, alle Zutaten für den Pfannkuchenteig in die andere Schüssel geben und mit dem Schneebesen kräftig zusammenrühren.

2 Danach die eingeweichten Brötchen in den Pfannkuchenteig legen. Fett in der Pfanne erhitzen. Die Brötchen in die heiße Pfanne legen und von beiden Seiten hellbraun backen.

UND SO MACHST DU DEN FRUCHTSCHAUM:

Leg einen Topfeinsatz in einen großen Topf. Stell den kleinen Topf zur Probe auf den Topfeinsatz. Jetzt füllst du so viel kaltes Wasser in den großen Topf, dass ein Teil des kleinen Topfes bedeckt ist (etwa 1/3). Nimm den kleinen Topf wieder heraus und erhitze das Wasser. Es soll heiß sein, darf aber nicht kochen.

Während das Wasser heiß wird, trennst du die Eier. (Küchentrick S. 80) Die Eigelb mit dem Zucker in die Plastikschüssel geben und mit den Quirlen des Handrührgeräts cremig rühren. Den Saft dazugeben und den Topf vorsichtig in den großen Topf setzen. Im heißen Wasserbad schlägst du die Masse mit dem Schneebesen zu einem festen Schaum.

ES WIRD ANGERICHTET!

Den Schaum in die Mitte auf einen Teller geben. Die ausgebackenen »Armen Ritter« mit Zucker und Zimt bestreuen und auf den Fruchtschaum legen. Mit Beeren der Jahreszeit (→ Einkaufstipp S. 84) garnieren.

DAS BRAUCHST DU FÜR 2 KINDER:

4 Brötchen vom Vortag (Was, wie, warum?), etwa 1/4 Liter Milch zum Einweichen, 4 Esslöffel Fett zum Ausbacken (zum Beispiel Butterschmalz), Zucker und Zimt nach Geschmack

Für den Pfannkuchenteig: 4 Eier, 1/2 Liter Milch, 200 Gramm Mehl, 2 Esslöffel Zucker, 1 Prise Salz, 1/2 Päckchen Vanillezucker

Für den Fruchtschaum: 1/2 Liter Fruchtsaft (zum Beispiel Orangensaft oder Traubensaft), 8 Eigelb, 200 Gramm Zucker

UND AUSSERDEM:

1 Schneebesen, 2 Schüsseln, 1 Plastikschüssel, 1 beschichtete Pfanne, 1 Pfannenwender, 1 großer und 1 kleiner Topf, 1 Topfeinsatz, 1 elektrisches Handrührgerät

WAS, WIE, WARUM?

Wie die »Armen Ritter« zu ihrem Namen gekommen sind, kann man sich vorstellen. Reiche Ritter konnten sich Fleisch leisten, arme mussten etwas anderes braten. Wenn du diese »Armen Ritter« gegessen hast, willst du sicher nicht mehr mit einem reichen Ritter tauschen.

Brötchen vom Vortag nimmt man für viele Gerichte – zum Beispiel auch für Knödel, weil sie fester sind als frische Brötchen. Deshalb fallen sie in der Flüssigkeit nicht auseinander.

KÜCHENTRICK:

• Aus dem übrig gebliebenen Eiweiß kannst du jede Menge Baisers backen. Zuerst den Backofen auf 110 °C vorheizen. Dann schlägst du das Eiweiß steif und mischst (weiterschlagen!) 400 Gramm Puderzucker darunter. Auf ein Backblech legst du Pergamentpapier. Dann gibst du mit zwei Teelöffeln kleine Häufchen der Eiweißmasse auf das Papier. Einfacher geht das, wenn du die Masse in den Spritzbeutel füllst und auf das Blech drückst. Die Baisers werden auf der mittleren Schiene des Backofens 1½ Stunden gebacken. Sie sollen außen fest und innen noch weich, aber nicht mehr feucht sein. Probieren und notfalls im ausgeschalteten Backofen über Nacht nachtrocknen lassen!